Anneliese und
Gerhard Eckert

Backen mit Vollkorn

Brot, Brezeln und leckere Kuchen

ETB
ECON Taschenbuch Verlag

CIP-Kurztitelaufnahme der Deutschen Bibliothek

Eckert, Anneliese:
Backen mit Vollkorn: Brot, Brezeln u. leckere Kuchen /
Anneliese u. Gerhard Eckert.
Orig.-Ausg. – Düsseldorf: ECON Taschenbuch Verlag, 1987.
(ETB 20296; ECON Ratgeber: Essen und Trinken)
ISBN 3-612-20296-0

Originalausgabe

© ECON Taschenbuch Verlag GmbH, Düsseldorf
Juni 1987
Umschlagentwurf: Ludwig Kaiser
Titelfoto: Photo-Design-Studio Gerhard Burock
Die Ratschläge in diesem Buch sind von Autor und Verlag sorgfältig erwogen und
geprüft; dennoch kann eine Garantie nicht übernommen werden. Eine Haftung
des Autors bzw. des Verlags und seiner Beauftragten für Personen-, Sach- und
Vermögensschäden ist ausgeschlossen.
Satz: Dörlemann-Satz, Lemförde
Druck und Bindearbeiten: Ebner Ulm
Printed in Germany
ISBN 3-612-20296-0

Backen mit Vollkorn

ECON Ratgeber
Essen und Trinken

Inhaltsverzeichnis

Warum Vollkorn?

Getreide verschiedener Herkunft und in verschiedenen Formen gehört seit Jahrtausenden zu den Grundnahrungsmitteln des Menschen. Vor allem Brot ist uns und vielen anderen Völkern unentbehrlich. So hat sich das Getreide von seiner grasartigen wilden Form, in der die Menschen es zuerst gebrauchten, erheblich entwickelt. Das Getreidekorn ist immer größer geworden. Die es einhüllende Schale erscheint nur als ein lästige Hülse, die entfernt werden muß, um das beste und schönste Mehl zu gewinnen.

Ist es wirklich so? In der Tat ist die Entwicklung dahin gegangen, daß die Frucht- und Samenschale des Getreides – um ein möglichst helles, weißes Mehl zu erhalten – in den Mühlen fast ganz entfernt wurden. Das übliche Auszugsmehl mag dem Auge gefälliger erscheinen. Aber sein Nährwert ist gering und besteht einseitig fast nur aus Kohlenhydraten (Stärke).

Zu allem Überfluß wurde das Mehl mit dem aus ihm gebackenen Brot zum sozialen Barometer: Wer dunkles Brot aß, galt als arm. Reiche Leute oder solche, die es sein wollten, bevorzugten Weißbrot. Auch unter den Völkern gibt es ein Gefälle: Weißes Brot setzte sich in den romanischen Ländern Italien, Frankreich, Spanien beinahe ausschließlich durch. Die französische Baguette, knusprig und hell, ist typisch dafür und hat auch bei uns viele Freunde.

Nun haben allerdings die Ernährungsforscher eine bestürzende Entdeckung gemacht. Dieses verfeinerte helle Mehl, wie es auch für Kuchen üblich ist, liefert unserem Körper die wichtigen Aufbaustoffe nicht. Diese sind nämlich in den Randschichten des Getreidekorns enthalten. Man hat für das naturbelassene Korn den vielsagenden Begriff *Vollkorn* gefunden, demgegenüber das weiß ausgemahlene Getreide in der Tat ein »Leerkorn« ist, dem insbesondere Keim und Kleie fehlen.

Der Gehalt an Vitaminen, Eiweiß, Mineralsalzen, Fetten und Spurenelementen erhöht nicht nur den Nährwert des aus Vollkorn gewonnenen Mehls, sondern sorgt durch die damit verbundenen Ballaststoffe für einen guten Stoffwechsel. Mit anderen Worten: Vollkorngebäck ist die Voraussetzung für eine gut funktionierende Verdauung, die unseren Körper reibungslos gedeihen läßt. Nicht wenige Gesundheitsstörungen ließen sich vermeiden oder beheben, wenn statt des substanzlosen Auszugsmehls mehr oder ausschließlich Erzeugnisse aus Vollkornmehl verzehrt würden.

Was für ein köstlicher Genuß eine deftige, kernig-herzhafte Scheibe Vollkornbrot ist, hat sich allmählich herumgesprochen. Selten lassen sich Wohlgeschmack und Gesundheit so ideal verbinden. Trotzdem stehen viele den mit Vollkornmehl gebackenen Kuchen, Keksen oder Torten noch skeptisch gegenüber.

Das liegt freilich selten am Vollkorn, sondern öfter daran, daß es nicht richtig verwendet wurde. Vollkorngebäck erfordert hier und da eine andere Backtechnik als die durch Generationen (zu unserem Nachteil!) überlieferten Rezepte für das hellweiße Feingebäck. Hier muß selbst manche erfahrene »Bäckerin« noch umlernen.

Oft sind es aber nur Kleinigkeiten, auf die man achten muß. Letztlich ist es wie beim Brot: Auch das süße Gebäck aus Vollkorn hat den Vorzug, daß es gesünder ist und – mindestens – ebenso gut, wenn nicht besser schmeckt.

Mit Vollkornmehl zu backen, ist also keine vorübergehende Mode, die von irgendwelchen »Spinnern« aufgebracht worden ist. Da das volle Korn des Getreides unbestreitbar und wissenschaftlich nachgewiesen das Vielfache an Vitaminen, Mineralstoffen und Spurenelementen gegenüber dem von seiner Hülle befreiten »leeren«

Korn enthält, erscheint es geradezu absurd, das Minderwertige dem Vollwertigen vorzuziehen. Der Drang zum weißen, zu dem seiner Nährwerte beraubten Mehl, war in Wahrheit eine törichte, aus Dünkel und Unwissen geborene Mode. Von ihr sollten und wollen wir Abschied nehmen.

Wer sich das nüchtern vor Augen hält, wird es nicht schwer haben, sich künftig für das häusliche Backen zugunsten von Vollkorn zu entscheiden. Damit Sie dabei erfolgreich sind und Ihrer Familie das schmackhafteste und gesündeste Vollkorngebäck auf den Tisch bringen können, haben wir dieses Buch geschrieben.

Die Rezepte sind nicht nur – was selbstverständlich ist – ausprobiert worden, sie gehören auch zu unserem eigenen Küchen- und Speisezettel, ob mit dem selbst gebackenen Brot oder den leckeren Kuchen und manchem anderen Gebäck als Haupt- oder Nebengericht. Lassen Sie sich durch die Praxis davon überzeugen, daß Vollkorngebäck eine Bereicherung Ihrer Lebensfreude ist. Gesund und wohlschmeckend – Vollkornmehl verbindet beides!

Fertiges Mehl kaufen oder – selbst mahlen?

Wie sieht das Angebot im Handel aus?

Wenn Sie sich für das Backen mit Vollkornmehl entschieden haben, wollen Sie natürlich wissen, wo Sie es kaufen können. Der Tante-Emma-Laden hat es nicht. Auch in manchem Supermarkt fehlt es, obwohl diese Märkte dem jeweiligen Trend, der heute zu Vollkorn geht, offenstehen. Sie müssen also dort Umschau halten, wo biologisch einwandfreie Waren bevorzugt werden: im Reformhaus, im Bioladen oder ähnlichen Geschäften. Dort steht Vollkornmehl im Regal oder wird Ihnen auf Anfrage verkauft.

Wenn Sie bisher gewöhnliches Mehl gekauft haben, dann hieß die Type, auf die Sie achteten, 405. Das ist ein niedrig ausgemahlenes, ernährungsmäßig »minderwertiges« Auszugsmehl. Darum machen Sie jetzt einen großen Bogen.

Aber Sie werden in Ihrem Supermarkt auch entdecken, daß da seit einiger Zeit ein sogenanntes »Vollwertmehl« aufgetaucht ist. Ein raffinierter Begriff, denn wer kommt schon gleich darauf, daß »Vollwert« keineswegs identisch mit »Vollkorn« ist. Mancher kauft gutgläubig dieses Vollwertmehl und fällt aus allen Wolken, wenn er erfährt, daß das sozusagen nur die halbe Miete ist. Gewiß ist dieses »Vollwertmehl« gesünder als das herkömmliche Auszugsmehl. Aber wer wirklich echtes Vollkornmehl kaufen will, muß auf 2 Typenbezeichnungen achten:

- 1700 für Weizenvollkornmehl oder Weizenschrot, wobei das erstere feiner, das zweite gröber gemahlen ist;

- 1800 für Roggenvollkornmehl oder Roggenschrot, wobei auch hier das erstere feiner, das zweite gröber gemahlen ist.

Diese Mehle erhalten Sie also in den gesundheitsbewußt orientierten Geschäften, aber auch dort, wo ein größerer Markt die Erzeugnisse von bestimmten Mühlen oder Firmen auf Vollkornbasis führt. Als Beispiel sei hier die Marke »Schneekoppe« genannt, die es in einigen Kettenläden gibt.

Vielleicht vergleichen Sie einmal, welchen Nährstoffgehalt diese Vollkornmehle auf jeweils 100 Gramm haben und wie das in Kalorien/Joule aussieht:

Weizenvollkornmehl Type 1700: 12 g Eiweiß, 2 g Fett, 69 g Kohlenhydrate und 11 g Ballaststoffe. Das ergibt 342 kcal bzw. 1453 kJ.

Weizenvollkornschrot Type 1700: 12 g Eiweiß, 2 g Fett, 69 g Kohlenhydrate und 11 g Ballaststoffe. Das ergibt 342 kcal bzw. 1453 kJ.

Beide haben also den gleichen Gehalt und unterscheiden sich nur – je nach Art des geplanten Gebäcks – durch gröbere oder feinere Körnung des Mehls.

Beim Roggenvollkornmehl bzw. -vollkornschrot ist es nicht anders. Beide Werte der Type 1800 entsprechen sich: 11 g Eiweiß, 1 g Fett, 70 g Kohlenhydrate und 7 g Ballaststoffe. Das ergibt 333 kcal bzw. 1415 kJ.

Wenn Sie dieses Mehl im Geschäft kaufen, müssen Sie allerdings eines wissen: Vollkornmehl hat gegenüber dem Auszugsmehl den Nachteil, daß es rascher altert. Das bedeutet, daß es bei längerer Lagerung an Nährwert und an Geschmack verliert. Das gehört zu den Gründen, warum im Handel vorzugsweise das besser haltbare, aber geringwertigere Auszugsmehl bevorzugt wird. Wie schlecht Sie dabei wegkommen, zeigt Ihnen – auf einen Blick – der Vergleich von jeweils 100 g eines herkömmlichen Weizenmehls der Type 405 und eines Weizenvollkornmehls der Type 1700:

	Vitamine				Mineralstoffe			Ballaststoffe
	B$_1$	B$_2$	Niacin	E	Kalium	Calcium	Eisen	
405	0,06	0,03	0,4	0,4	108	15	1,1	4
1700	0,30	0,15	4,8	0,8	290	40	3	11

Diese Werte sind für die Vitamine und Mineralstoffe in Milligramm angegeben, bei den Ballaststoffen in Gramm. Damit Sie nicht rechnen müssen, hier das prozentuale Mehr des Vollkornmehls:

Vitamin B$_1$: + 400%
Vitamin B$_2$: + 400%
Vitamin Niacin: + 1100% (also das 12fache!)
Vitamin E: + 100%
Kalium: + 168%
Calcium: + 167%
Eisen: + 173%
Ballaststoffe: + 180%.

Das spricht für sich. Für ein Medikament, das Ihnen soviel mehr wertvolle Aufbaustoffe zuführt als ein anderes, würden Sie bestimmt allerlei Geld ausgeben.

Aber es läßt sich nicht leugnen: Es kann passieren, daß Sie an ein Vollkornmehl geraten, das im Geschäft schon so lange lagert, daß es nicht mehr den frischen Mehlgeruch hat, sondern eher muffig riecht. Das kann sich dann auch auf Ihr Gebäck auswirken. Sie müssen also unbedingt beim Kauf von fertigem Mehl darauf achten, daß es möglichst frisch ist. Fragen Sie nach der bereits vergangenen Lagerzeit, und in jedem guten Reform- oder Biogeschäft wird man dafür Verständnis haben und Sie richtig beraten.

Lassen Sie mahlen!

Dieses Problem, daß Vollkornmehl rascher altert, ist natürlich auch den Geschäften nicht verborgen geblieben. Manche sind daher dazu übergegangen, außer fertigem Mehl die ungemahlenen Getreidekörner zu verkaufen und diese im Geschäft in einer Mühle nach Ihren Wünschen gröber oder feiner zu mahlen. Sie tragen dann also ein frisch gemahlenes Mehl mit dem ihm eigenen appetitlich-frischen Geruch nach Hause, das Sie sofort verbacken können – das sollten Sie auch tun. Denn es wäre ziemlich sinnlos, wenn Sie sich das Mehl erst frisch mahlen ließen und es dann einige Tage oder Wochen aufbewahrten, so daß es in Ihrem Vorratsschrank altert.

Die erste wichtige Regel ist also: das frisch gemahlene Mehl sofort verwenden. Das heißt zugleich, daß Sie immer nur so viel Mehl kaufen, wie Sie sofort benötigen.

Wenn Sie in einer mittleren bis großen Stadt wohnen, werden Sie sicher ein Geschäft ausfindig machen, das den Service des Mahlens bietet. Sie können dabei auch einen Blick auf die Getreidekörner werfen.

Ein weiterer Vorteil von frisch gemahlenem Mehl ist, daß die Nähr- und Geschmacksstoffe noch vollständig enthalten sind. Bei längerer Lagerung können sie sich durch die Berührung mit Sauerstoff oder Licht zersetzen.

Es gibt einen naheliegenden Vergleich: Auch Hackfleisch soll möglichst am Tag seiner Herstellung verarbeitet werden. Es leidet unter Wärme, geht bald in Fäulnis über und stinkt. Das weiß jeder Koch und jede Köchin. Vom Mehl aber haben die gleichen Leute die optimistische Vermutung, es müsse sich ewig halten. Schon Auszugsmehl wird eine erfahrene Hausfrau nicht länger als wenige Wochen lagern, weil es sonst muffig wird. Vollkornmehl aber ist erheblich leichter verderblich. Mehl oder Korn, dessen Haltbarkeitsdatum bald erreicht ist, sollten Sie daher auch nicht kaufen.

Die eigene Getreidemühle

Das frischeste Mehl haben Sie natürlich, wenn Sie in der Lage sind, es zu Hause selbst zu mahlen, Sie also eine Getreidemühle besitzen. Wer auf diese Weise sein Brot, seinen Kuchen von diesem eben erst gemahlenen Mehl backen kann, wird den Unterschied gegenüber käuflichem Mehl deutlich schmecken.

Aber die Anschaffung einer speziellen Getreidemühle ist mit nicht geringen Kosten verbunden. Elektrisch betriebene Getreidemühlen gibt es in Preislagen ab etwa DM 200,– bis weit über DM 500,–. Daß sie erheblich teurer als Kaffemühlen sind, erklärt sich aus der Härte der Getreidekörner. Das merkt man am besten dann, wenn man am Anfang versucht, sein Getreide mit der Hand zu mahlen. Dafür gibt es preiswertere Mühlen, aber Sie brauchen damit Zeit und – vor allem – viel Kraft. Das ist also keine gute Lösung.

Was also tun? Wer bereits eine Küchenmaschine zum Zerkleinern hat, ist am besten dran. Zu vielen Modellen gibt es heute bereits als Zusatzgerät Getreidemühlen, und sie sind – über den Daumen gepeilt – nur halb so teuer wie eine neue Mühle. Erkundigen Sie sich also, welche zusätzliche Getreidemühle für Ihre Küchenmaschine angeboten wird.

Die Leistung eines solchen Zusatzgeräts ist nicht ganz so groß wie die einer eigenen Getreidemühle. Aber für normale Haushaltszwecke reicht es ohne weiteres aus. Wer irgendwann eine Küchenmaschine kauft, ist gut beraten, sich gleich nach der Möglichkeit eines passenden Getreidemühlen-Zusatzes zu erkundigen.

Der 1. Schritt zum Vollkornbacken

Nun muß die ohne Zweifel beste Lösung – die eigene Getreidemühle bzw. der Mühlenzusatz zur Küchenmaschine – nicht unbedingt am Anfang stehen. Auch in diesem Fall schadet es nichts, wenn man sich nach und nach an die immer größere Perfektion »herantastet«. Das hat den Vorzug, daß am Anfang nicht gleich die Kosten stehen, sondern daß zunächst einmal Erfahrung im Umgang mit Vollkornmehl gewonnen wird. Lassen Sie sich also nicht von der Meinung beirren, ohne eigene Mühle lohne Vollkornbakken gar nicht. Das ist falsch.

Sie können sich nach dem folgenden Stufenplan richten und sozusagen die Erfolgsleiter Stück für Stück erklimmen:

- Vollkornmehl abgepackt (möglichst frisch) im Reformhaus, Bioladen oder Supermarkt kaufen;
- Getreide im Geschäft (oder vielleicht auch bei Freunden oder Angehörigen) mahlen lassen;
- Ausschau nach einem passenden Zusatzgerät zu Ihrer Küchenmaschine halten und in Ihren Etat einplanen;
- Zusatzgerät zur Küchenmaschine kaufen;
- spezielle Getreidemühle anschaffen.

Wo Sie in dieser Aufstellung einsteigen wollen oder können, ist Ihre Sache. Hauptsache: Sie fassen den Entschluß und führen ihn konsequent durch, nicht länger mit nährwertarmem Auszugsmehl der Type 405 zu backen, sondern ab sofort mit Vollkorngebäck für sich und Ihre Familie einen wichtigen Schritt zu besserer, gesünderer Ernährung zu tun.

Für alle, die kein Biogeschäft (oder einen ähnlichen Laden) mit käuflichem Getreide in der Nähe haben, noch einen Tip: Sie erhalten Weizen- oder Roggenkörner in besonders guter (ungespritzter!) Qualität bei einem Biobauern, vielleicht einem mit dem Demeter-Zeichen.* Erkundigen Sie sich danach bei einer ländlichen Genossenschaft, einer Futtermittelhandlung oder bei der landwirtschaftlichen Berufsgenossenschaft. Auch Mühlenbetriebe verkaufen Getreide – nur gibt man dort ungern so kleine Mengen ab, wie Sie sie für Ihren Haushalt brauchen.

---

* Im Demeter-Bund, Stuttgart, sind Bauern zusammengeschlossen, die ihren Boden gemäß dem biologisch-dynamischen Landbau (nach Rudolf Steiner) ohne Kunstdünger und Pestizide bearbeiten.
Durch ständige Kontrollen wird die Einhaltung überprüft.

So backen Sie mit Vollkornmehl!

Umlernen? Nein. – Dazulernen? Ja.

Wer backen kann, kann es auch mit Vollkornmehl. Haben Sie also keine Angst, daß Sie plötzlich vor unerwarteten Schwierigkeiten stehen. Sie backen – wie beim gewöhnlichen Mehl – mit Backpulver oder Hefe als Triebmittel für Kuchen und ähnliches und – je nach Rezept – mit Hefe, Sauerteig oder Backferment für Vollkornbrote.

Sie können sogar davon ausgehen, daß Ihre bisherige Backkunst auch für das Vollkornbacken richtig ist. Aber hier und da ergibt sich doch eine Kleinigkeit, auf die Sie achten müssen. Selbstverständlich steht alles, worauf es ankommt, bei jedem Rezept. Denn nicht alles läßt sich auf die gleiche Formel bringen. Im Zweifelsfall sind unsere Rezepte also die Richtschnur, an die Sie sich halten.

Es wird Sie aber überraschen, daß ein Teig aus Vollkornmehl nicht sofort die Flüssigkeitsmenge aufsaugt, die sonst üblich ist. Das Mehl braucht länger, um die flüssigen Zutaten aufzunehmen. So ist beispielsweise beim Brotbacken (wie die Rezepte zeigen) weniger Flüssigkeit erforderlich als bei herkömmlichen Broten. Um das auszugleichen, empfiehlt es sich, das fertige Brot nach dem Backen in ein feuchtes Tuch einzuwickeln.

Überhaupt sollten Sie insofern ein wenig umdisponieren, als Vollkorngebäck, insbesondere Kuchen, nach Möglichkeit bereits 1 Tag vor dem geplanten Verzehr gebacken wird. Frischer Kuchen ist in

Gefahr, zu bröckeln oder zu krümeln. Außerdem kommt der Geschmack besser zur Geltung. Das rechtzeitige Backen dient also ebenso der guten Form des Kuchens wie auch seinem Geschmack. Das gilt ganz besonders für einen Tortenboden. Er gelingt auch mit Vollkornmehl prächtig. Aber er muß unter allen Umständen mindestens 1 Tag liegen, bevor Sie ihn zerschneiden und mit Sahne oder Buttercreme füllen. Planen Sie also Ihre Torte nicht erst in letzter Minute, sondern schon ein paar Tage voraus.

Die Zeitvorstellungen, die eine erfahrene Bäckerin hat, können sich bei Vollkornmehl leicht abwandeln. Es gibt Teige, die zweckmäßigerweise ein wenig länger geknetet werden (im Rezept angegeben) und andere (das gilt keinesfalls für Biskuit- und Brandteig), die nach dem Rühren bis zum Backen noch eine halbe Stunde ruhen sollten, um in dieser Zeit zu quellen. Hefeteige, für die sich Vollkornmehl ausgezeichnet eignet, haben ja ohnehin ihren eigenen Rhythmus, um zu gehen – auch das ist ausführlich in den Rezepten geschildert. Schließlich können sich die Backzeiten, an die man sonst gewöhnt ist, ein wenig verlängern.

Wenn Sie an diese Punkte denken und im übrigen die Rezepte sorgfältig beachten, werden Sie mit Vollkornmehl gleich ebenso perfekt backen wie bisher. Aber auch wer sich ganz neu ans Backen macht und sofort mit Vollkornmehl anfangen will – was nur zu empfehlen ist! – wird keine Schwierigkeiten haben.

Tricks und Kniffe für Brot und Kuchen

Wer Brot backen will, muß auf die *Temperatur* achten. Die Zutaten müssen lauwarm sein, also nicht etwa aus dem Kühlschrank kommen. Der Arbeitsraum (Küche) darf nicht kühl sein, und Zug von offenen Fenstern oder Türen ist unbedingt zu vermeiden.

Brotteig muß gründlich und kräftig *geknetet* werden. Das erfordert einige Kraft und Mühe. Aber es ist die Voraussetzung für das Gelingen eines Brotes. Sie können diese Arbeit, bei der der Brotteig auch auf die feste Arbeitsplatte geworfen werden kann, leider auch nicht Ihrem elektrischen Teigkneter anvertrauen. Er schafft es nicht oder nur ausnahmsweise.

Sicher haben Sie sich schon gewundert, wie die Bäcker ihren Broten eine so gefällige runde oder längliche *Form* geben. Um das ebenfalls zu erreichen, wird der Brotteig zum Aufgehen in runde oder längliche Körbchen aus Peddigrohr oder Weide – erhältlich in guten Fachgeschäften – gefüllt. Dabei wird die Korbinnenseite mit Mehl bestreut, bevor der Teig hineinkommt. Beim Aufgehen nimmt der Teig Form und Muster des Korbes an und kann aus ihm auf das Backblech gestürzt werden.

Eine weitere Technik kommt hinzu: Damit die Brotkruste nicht zu hart wird, stecken Sie die Teigschüssel oder die eben erwähnten Körbchen in eine *Plastikhülle* oder einen Plastikbeutel. So verhindern Sie, daß Feuchtigkeit beim Aufgehen des Teigs entweicht.

Wenn Sie Ihr Brot mit ganzen *Getreidekörnern* oder grobem *Schrot* anreichern oder überstreuen wollen, müssen Sie diese 1–2 Tage vorher in kaltem Wasser einweichen, damit sie ordentlich quellen. Sonst bleiben die Körner hart, und das Brot wird trocken. Auch ganze Leinsamenkörner können allenfalls zum Überstreuen von Brot oder Brötchen dienen. In ein Brot kann man jedoch Leinsamenschrot kneten. Er wird dafür zunächst mit kochendem Wasser übergossen, muß 15 Minuten quellen und kann nach Abgießen des Wassers dem Teig zugefügt werden.

Wenn Brot oder Kuchen aus *Hefeteig* gebacken wird, dann darf der Teig zum Aufgehen nicht wärmer als 40° C stehen, weil sonst Hefepilze und Milchsäurebakterien absterben. Lassen Sie also Ihren Hefeteig in der warmen Küche, auf einem Fensterbrett über dem warmen Heizkörper gehen. Oder aber Sie heizen den Backofen auf 50° C an, stellen den zugedeckten Teig hinein und drehen sofort die Temperatur auf Null. Sie können auch bei 50° C bleiben, müssen jedoch dann die Tür des Backofens offenstehen lassen.

Für das Backen von Brot und Brötchen, aber auch von einigen Kuchen, ist es gut, eine *Schale mit kochendem Wasser* auf den Boden des Backofens zu stellen. Auch auf den Backofenboden kann gleich zu Beginn etwas kochendes Wasser gegossen werden. Es soll sich dadurch Wasserdampf bilden. Er verhindert, daß die Brotkruste zu hart wird und verschafft dem Gebäck einen appetitlichen Glanz.

Ein frisch gebackener Brotlaib wird nach dem Backen mit Wasser bepinselt und in ein *feuchtes Tuch* gewickelt. Zugleich mit dem Abkühlen des Brotes trocknet auch das Tuch ab und wird, wenn es trocken ist, abgenommen.

Wenn Sie einen Kuchen mit *Hasel-, Wal-* oder *Erdnüssen*, mit *Mandeln* oder *Kokosflocken* backen, erhält er einen intensiveren Geschmack, sobald diese Zutaten leicht angeröstet, aber nicht gebräunt werden. Danach erst werden sie gemahlen oder gehackt – je nach Rezept – und dem Teig zugefügt.

Wer seinen Kuchen nicht mit dem umstrittenen weißen Industriezucker backen will, kann ohne weiteres auch *braunen Zucker* (aus dem Reformhaus oder von Spezialangeboten) verwenden.

Wichtiger Hinweis

In einer Reihe von Rezepten dieses Buches sind 2 Möglichkeiten für das Mehl angegeben:

Entweder das frisch gemahlene Vollkornmehl, das Sie in Ihrer Mühle mahlen oder vom Bioladen bekommen – oder eine andere, fertig käufliche Mehlsorte und dabei häufig eine Kombination aus einem Vollkornmehl mit einem anderen (gewöhnlich im Reformhaus erhältlichen) Vollwertmehl.

Insbesondere bei Kuchen ist es günstig, die relativ grobe Struktur der käuflichen Fertig-Vollkornmehle durch die Beigabe eines feineren Mehls auszugleichen. Bei dem von Ihnen in der Getreidemühle gemahlenen Mehl können Sie ja die feine Ausmahlung selbst vornehmen bzw. vom Bioladen vornehmen lassen.

Hefeteig aus Vollkornmehl

Um einen Hefeteig zu bereiten, stellen Sie alle Zutaten in der warmen Küche rechtzeitig bereit. Dabei soll die Milch handwarm sein. Fett (ob Butter oder Margarine) muß zum Verarbeiten geschmeidig sein.

Für 500 g Weizenvollkornmehl benötigen Sie 1 Würfel (das entspricht 42 g) Frischhefe vom Bäcker. Diese Hefe soll wirklich frisch sein, angenehm riechen und nicht bröckeln. Nur frische

Hefe hat die richtige Triebkraft. Bewahren Sie Hefe auch nicht zu lange im Kühlschrank »auf Vorrat« auf, sondern kaufen Sie je nach Bedarf neu. Statt frischer Hefe können Sie auch Trockenhefe aus dem Beutel verwenden. Beachten Sie dabei das Verfalldatum auf dem Beutelchen, und halten Sie sich an die Gebrauchsanweisung, nach der die Trockenhefe unter das Mehl gemischt wird.

Da Hefe keine direkte Berührung mit Fett verträgt, wird vorher ein Ansatz oder Vorteig bereitet. Bei einem fettfreien Hefeteig ist das nicht nötig.

Der Ansatz entsteht, indem Sie die zerkrümelte Hefe mit etwas handwarmer Milch, Zucker und Mehl zu einem Brei verrühren. Sie decken ihn zu und schieben die Schüssel mit dem Ansatz in einen Plastikbeutel oder decken sie mit Folie ab, damit er in der warmen Luft nicht austrocknet. Nun muß der Ansatz an einem warmen Ort (siehe Seite 18) aufgehen, und zwar um das Doppelte.

Wenn das geschehen ist, werden die im Rezept genannten Zutaten hinzugefügt. Dabei stehen Nüsse, Mandeln, getrocknete oder kandierte Früchte an letzter Stelle.

Gewiß kann man Hefeteig auch mit dem Knethaken des Rührgeräts zubereiten. Aber wir neigen mehr zur traditionellen Methode des Teigknetens mit der Hand. Das mag aber jeder halten, wie er will.

Wenn Sie Hefeteig für Brötchen oder sonstiges Kleingebäck vorbereiten, können Sie ihn schon am Abend vorher durchkneten. Er wird über Nacht kühl gestellt, am Morgen geformt, muß nochmals aufgehen und wird danach gebacken. Dafür wird der Backofen auf 200–225° C vorgeheizt.

Backpulver-Rührteig aus Vollkornmehl

Für diese Art Teig erweist sich ein elektrisches Rührgerät oder das Rührwerk einer Küchenmaschine als ausgezeichnet und spart viel Zeit. In 5 Minuten ist Ihr Teig so gut gerührt, wie Sie es per Hand mit dem Rührlöffel oder dem Schneebesen in etwa 20 Minuten schaffen würden.

Auch hier sollten die Zutaten Küchentemperatur haben, also rechtzeitig aus dem Kühlschrank genommen werden. Insbesondere das Fett – Butter oder Margarine – muß geschmeidig sein.

Schlagen Sie die benötigten Eier immer zuerst in eine Tasse, so können Sie vermeiden, daß ein verdorbenes Ei unerwartet in Ihren Teig gerät.

Für 500 g Weizenvollkornmehl benötigen Sie 1 Päckchen Backpulver, das Sie mit dem (möglichst frisch gemahlenen!) Mehl vermischen. Fügen Sie nicht zu viel Milch hinzu: Der Teig soll schwer reißend vom Löffel fallen.

Als letzte Zutaten kommen in den Teig: abgeriebene Zitronen- oder Orangenschale (von nicht gespritzten Früchten!), gehacktes Zitronat oder Orangeat, Nüsse oder Mandeln, egal, in welcher Form.

Rosinen und Korinthen (möglichst ungeschwefelte) waschen Sie kalt ab, trocknen sie und wälzen sie in Mehl, bevor Sie sie unter den Teig heben. Auch für Vollkornmehl gilt, daß sie sonst im Rührteig nach unten sinken.

Die mit Fett ausgestrichene Backform bestreuen Sie mit Mehl, Semmelbröseln, gemahlenen Nüssen oder Mandeln aus, bevor Sie den Teig hineinfüllen.

Je nach Rezept schieben Sie die Kuchenform in den kalten oder vorgeheizten Backofen, wobei Sie auf die im Rezept stets angegebene Schiene achten und die Backzeit von 45–75 Minuten bei 180–200° C einhalten.

Auch für den Kuchen aus Vollkornmehl erfolgt die Garprobe mit einem Holzspießchen. Bleibt es trocken, ist der Kuchen fertig.

Mürbeteig aus Vollkornmehl

Der klassische Mürbeteig ist einfach herzustellen und besteht aus 1 Teil Zucker, 2 Teilen Fett und 3 Teilen Weizenvollkornmehl. Steigert man den Fettanteil gegenüber dem Mehl, wird der Teig mürber.

Die Zutaten sollten kühl sein.

Sie mischen das Weizenvollkornmehl mit dem Backpulver, dem

Zucker und sonstigen Würzzutaten, wie Vanillezucker oder abgeriebene Zitronenschale. Dann drücken Sie in das aufgehäufte Mehl eine Mulde und geben das Ei (nach Probe in der Tasse) hinzu und verteilen darüber Butter oder Margarine in Flokken.

Jetzt sollten Sie schnell mit den Händen einen glatten geschmeidigen Teig kneten. Wenn Sie zu lange kneten, wird der Teig bröckelig. Formen Sie den Teig zu einem Ball, wickeln Sie ihn in Alufolie, und stellen Sie ihn kalt – mindestens 30 Minuten lang.

Den gekühlten Teig rollen oder formen Sie auf einer bemehlten (fein gemahlenes Vollkornmehl) Arbeitsplatte und legen ihn dann in eine mit Fett ausgestrichene und mit Weizenvollkornmehl ausgestreute Backform. Stechen Sie vor dem Backen mit einer Gabel einige Male in den Teig, damit er Luft bekommt.

Bei einer Backtemperatur von 200° C schieben Sie die Backform auf die im Rezept angegebene Schiene und lassen die Teigplatte goldgelb backen.

Biskuitteig aus Vollkornmehl

Hierbei handelt es sich um eine Masse, die aus Eiern, Zucker und – natürlich – Vollkornmehl besteht. Dabei müssen die Eier vorsichtig in Eigelb und Eiweiß getrennt werden, so daß keinesfalls etwas durcheinander kommt.

Die Eigelbe werden mit Zucker dickschaumig geschlagen. Das Eiweiß schlagen Sie ebenfalls mit Zucker sehr steif. Machen Sie die Probe, indem Sie mit dem Messer in die Oberfläche des Eischnees schneiden: Der Schnitt muß sichtbar bleiben. Mit dem Handrührgerät oder einer Küchenmaschine schlagen Sie die Eier.

Gefährlich kann es werden, wenn Sie das mit Backpulver, Nüssen, Mandeln oder Kakao vermischte Mehl sowie den steifen Eischnee unter Rühren zum gelben Eischaum geben. Der Teig würde nicht aufgehen! Mit dem Schneebesen heben oder ziehen Sie die Zutaten ohne Rühren locker unter.

Wenn Sie eine Torte backen, dann dürfen Sie die Backform nur auf dem Boden fetten oder mit Backpapier auslegen. Ist der Rand gefettet, steigt der Teig nicht, und der schöne Tortenboden bekommt einen häßlichen Buckel.

Den fertig bereiteten Biskuitteig nicht noch stehen lassen, sondern umgehend in den vorgeheizten Backofen schieben und bei 200° C auf der im Rezept angegebenen Schiene backen. Öffnen Sie in den ersten 15 Backminuten keinesfalls den Backofen, weil sonst der Teig zusammenfällt. Lassen Sie das Gebäck auch keine braune Kruste bekommen.

Und nicht vergessen: Den Biskuitboden immer 1 Tag vor dem Füllen backen!

Rezeptteil

Vollkornbrot aus dem eigenen Herd

Mit Hefe gebacken

Milchbrot

500 g Weizenvollkornmehl, fein gemahlen oder
250 g Grahammehl, Type 1700 fein, und
250 g Weizenmehl, Type 1050
1 TL Zucker
2 TL Salz
1 Päckchen Frischhefe oder 1 Beutel Trockenhefe
350 ml (reichlich 1/3 l) Milch
150 g Butter oder Margarine
1 Eigelb
1 EL Milch
Fett zum Ausstreichen einer 35 × 15 cm länglichen Kastenform
Weizenmehl zum Ausstreuen der Form

Das Mehl, den Zucker und das Salz in einer Schüssel mischen. Die frische Hefe in der handwarmen Milch auflösen und in das Mehl rühren. Die Trockenhefe unter das Mehl mischen.

Das küchenwarme Fett über das Mehl flocken und dann den Teig mit einem Küchenlöffel kräftig schlagen, bis er Blasen zeigt. Oder mit dem Knethaken eines Rührgeräts etwa 10 Minuten durchrühren.

Die Kastenform einfetten und mit Mehl ausstreuen.

Den weichen, nicht mehr klebenden Teig hineinfüllen, in einen Plastikbeutel schieben und etwa 30 Minuten in der warmen Küche oder in dem auf 35° C temperierten Backofen um das Doppelte aufgehen lassen.

Das Eigelb und die Milch verrühren und die Teigoberfläche damit bestreichen.

Die Kastenform auf die 2. Schiene von unten in den auf 220° C vorgeheizten Backofen des E-Herdes (Heißluftherd 160° C, Gasherd Stufe 4) schieben und 45 Minuten backen.

In der Form 10 Minuten abkühlen lassen, die Ränder vorsichtig lösen, das Brot herausnehmen und auf einem Gitterrost auskühlen lassen.

Vorbereitungszeit:	etwa 25 Minuten
Gärzeit:	30 Minuten
Backzeit:	etwa 45 Minuten bei 220° C

Tip:
Es ist auch möglich, diesen Teig in kleine Brioche-Formen zu füllen und die bestrichene Oberfläche zusätzlich mit Hagelzukker oder Mandelblättchen zu bestreuen. Die Backzeit reduziert sich dann auf 25 Minuten. Die Masse ergibt etwa 15 Stück.

Kalifornisches Rosinenbrot

125 g Datteln
500 g Weizenvollkornmehl, fein gemahlen, oder
    300 g Weizenvollkornmehl, Type 1700, und
    200 g Weizenmehl, Type 1050
2 Beutel Trockenhefe
1 TL Salz
50 g Zucker
1 Päckchen Vanillezucker
abgeriebene Schale von 1 unbehandelten Zitrone
4 EL Speiseöl, kalt gepreßt
etwa 1/4 l Milch

300 g kalifornische Weinbeeren bzw. Rosinen (Reformhaus)
Weizenvollkornmehl zum Kneten
Fett zum Ausstreichen und Weizenvollkornmehl zum Ausstreuen
*   einer Kastenform*
Zum Bestreichen: 1/2 TL Speisestärke
*   1/8 l Wasser*

Die Datteln waschen, abtropfen lassen und mit Küchenkrepp trockentupfen, dann entkernen und in Stifte schneiden.

Das Weizenvollkornmehl mit der Hefe, dem Salz, dem Zucker, dem Vanillezucker und der abgeriebenen Zitronenschale vermischen. Das Speiseöl und die handwarme Milch hinzufügen und alles zu einem glatten, geschmeidigen Teig verkneten.

Zuletzt die Datteln und Rosinen hinzugeben und gleichmäßig mit dem Teig verkneten.

Den Teig nun zu einem Ball formen und in eine bemehlte Schüssel legen, diese in einen Plastikbeutel schieben und den Teig in der warmen Küche oder im temperierten Backofen bei 35° C 60 Minuten aufgehen lassen.

Danach noch einmal durchkneten und in eine vorbereitete Kastenform füllen. Wieder in einen Plastikbeutel schieben und nochmals 30 Minuten gehen lassen.

Zuletzt die Speisestärke mit dem handwarmen Wasser verrühren, die Oberfläche des Brotes damit bepinseln und das Brot in den auf 200° C vorgeheizten Backofen auf die 2. Schiene von unten schieben und etwa 50 Minuten backen (Heißluftherd 160° C, Gasherd Stufe 4).

Eine Schale mit kochendem Wasser auf den Boden des Backofens stellen.

Nach dem Backen das Rosinenbrot mit Wasser bepinseln, damit es einen schönen Glanz bekommt.

Die Backform mit einem feuchten Tuch überdecken und das Rosinenbrot in der Form auskühlen lassen. Nach dem Erkalten das Brot vorsichtig aus der Form lösen.

Vorbereitungszeit:	etwa 30 Minuten
Gärzeit:	90 Minuten
Backzeit:	etwa 50 Minuten bei 200° C

Tip:
Etwa abgelagertes Rosinenbrot schmeckt besonders gut, wenn
es getoastet wird.

Süßes Quarkbrot

500 g Weizenvollkornmehl, fein gemahlen, <u>oder</u>
   300 g Weizenvollkornmehl, Type 1700 fein, und
   200 g Weizenmehl, Type 1050
1 TL Salz
1 Päckchen Vanillezucker
1 Päckchen Frischhefe oder 1 Beutel Trockenhefe
1/8 l Milch
150 g Zucker
500 g Magerquark
100 g Butter oder Margarine
abgeriebene Schale von 1 ungespritzten Zitrone
100 g Rosinen
Fett zum Ausreiben der Kastenform (35 × 15 cm)
Weizenmehl zum Ausstreuen der Form
Zum Bestreichen: 1 Eigelb
                 1 EL Milch

Das Mehl, das Salz und den Vanillezucker in einer Schüssel mischen. Die Trockenhefe mit dem Mehl vermischen. Bei Frischhefe
zuerst den Ansatz (Seite 20) bereiten.
Nach dem Aufgehen des Ansatzes den Rest der warmen Milch,
den Zucker, den küchenwarmen Quark, das geschmeidige Fett
und die abgeriebene Zitronenschale hinzufügen.
Den weichen Teig etwa 10 Minuten mit einem Rührlöffel oder

Knethaken eines Rührgeräts schlagen. Zuletzt die Rosinen in den Teig kneten.

Die Kastenform einfetten und mit Mehl ausstreuen.

Den Teig in die Form streichen, in einen Plastikbeutel schieben und etwa 30 Minuten lang in der warmen Küche oder im temperierten Backofen (35° C) um das Doppelte aufgehen lassen.

Eigelb und Milch verrühren und die Teigoberfläche damit bestreichen.

Den Elektroherd auf 200° C vorheizen und das Brot auf der 2. Schiene von unten 40 Minuten backen lassen (Heißluftherd 160° C, Gasherd Stufe 4). Nach dem Backen das Brot noch 10 Minuten in der Form abkühlen lassen, dann die Ränder vorsichtig lösen und das Brot nach dem Herausnehmen auf einem Gitterrost abkühlen lassen.

Vorbereitungszeit:	etwa 25 Minuten
Gärzeit:	etwa 55 Minuten
Backzeit:	etwa 40 Minuten bei 200° C

Tip:
Teige, die mit viel Zucker und mit Eigelb bestrichen werden, können während des Backens leicht stärker bräunen. Daher deckt man sie in den letzten 10 Minuten der Backzeit mit Alufolie oder Backpapier ab.

Die Rosinen im Teig können auch durch feingewürfelte, getrocknete Aprikosen oder Backpflaumen (nicht geschwefelt!) ersetzt werden.

Grahambrot

1000 g Weizenvollkornmehl – frisch, mittelfein gemahlen, oder
400 g Grahammehl, Type 1700 fein, und
600 g Weizenmehl, Type 1050
4 TL Salz
1 1/2 Päckchen Frischhefe oder 1 1/2 Beutel Trockenhefe

2 EL kaltgepreßtes Speiseöl
etwa 1/2 l Wasser
Weizenvollkornmehl zum Kneten
Backpapier oder Fett zum Ausstreichen des Backblechs

Das Mehl und das Salz in einer Schüssel mischen. Die Hefe
darüber bröckeln oder streuen.

Speiseöl und handwarmes Wasser unter das Mehl rühren, bis sich
der feste Teig von der Schüssel löst.

Den Teig 5 Minuten auf einer bemehlten Arbeitsplatte kneten, zu
einem Ball formen und in eine bemehlte Schüssel legen. In einen
Plastikbeutel schieben und in der warmen Küche oder im temperierten Backofen (35° C) um das Doppelte in etwa 45 Minuten
aufgehen lassen.

Den Teig nochmals durchkneten und zu einem länglichen Laib
formen. Auf ein vorbereitetes Backblech legen, mit warmem Wasser bestreichen, mit Folie oder einem feuchten Tuch bedecken und
nochmals 30 Minuten aufgehen lassen.

Den Teig in den auf 200° C vorgeheizten Backofen des Elektroherds schieben und auf der 2. Schiene von unten 55 Minuten
backen (Heißluftherd 160° C, Gasherd Stufe 4).

Zu Beginn des Backens eine Schale mit kochendem Wasser auf
den Boden des Backofens stellen.

Das fertig gebackene Brot vorsichtig auf einen Gitterrost legen, mit
warmem Wasser bestreichen und in ein feuchtes Tuch einwickeln.

Vorbereitungszeit:	etwa 25 Minuten
Gärzeit:	75 Minuten
Backzeit:	55 Minuten bei 200° C

Grahambrötchen

Teig wie für das Grahambrot

Den Teig in Stücke von etwa 50 g teilen, jedes Stück zu einer Kugel
rollen und auf ein vorbereitetes Backblech setzen.

Mit warmem Wasser gleichmäßig überstreichen und mit Folie
zudecken, so daß keine Feuchtigkeit entweicht.

30 Minuten aufgehen lassen, bis sich die Bällchen verdoppelt haben. Nochmals mit warmem Wasser bestreichen und in den auf 225° C vorgeheizten Backofen des E-Herdes auf die 2. Schiene von unten schieben und 10 Minuten backen. Dann auf 200° C herunterschalten und noch 20 Minuten backen (Heißluftherd 180 und 160° C, Gasherd Stufe 4–5 und 4).

Auch hierbei eine Schale mit kochendem Wasser bei Beginn des Backens auf den Boden des Backofens stellen.

Schinken in Brotteig

Teig wie für das Grahambrot
Für die Füllung:
1 1/2 kg gekochter Schinken im Stück
Weizenvollkornmehl zum Kneten
Backpapier oder Fett zum Ausstreichen des Backblechs

Den aufgegangenen Grahambrotteig nochmals durchkneten und auf einer bemehlten Arbeitsplatte in der doppelten Größe des Schinkens ausrollen.

Die Ränder geradeschneiden.

Den Schinken darauflegen und wie ein Paket mit dem Teig umhüllen. Er darf nicht zu straff sein, da er sonst beim Backen platzen würde.

Die Ränder und Nahtstellen mit Wasser bestreichen und gut zusammendrücken.

Das Schinkenbrot mit der Nahtstelle nach unten auf das vorbereitete Backblech legen.

Mit den abgetrennten Teigresten die Oberfläche verzieren und mit Folie oder einem feuchten Tuch bedecken und nochmals 20 Minuten aufgehen lassen.

Dann die Oberfläche des Brotes mit warmem Wasser bestreichen und in gleichmäßigen Abständen mit einer Gabel in den Teig stechen, damit beim Backen die Luft entweichen kann.

Das Backblech in den auf 220° C vorgeheizten Backofen auf die 2. Schiene von unten schieben und das Brot 20 Minuten backen, dann bei 200° C nochmals 35 Minuten backen (Heißluftherd 180/160° C, Gasherd Stufe 4/3–4). Zu Beginn des Backens eine Schale mit kochendem Wasser auf den Boden des Backofens stellen.

Nach dem Backen das Brot mit kaltem Wasser bestreichen und auf einem Gitterrost 20 Minuten ruhen lassen. Erst dann anschneiden, damit der Schinken nicht zu viel Saft verliert.

Die gleichmäßig dick geschnittenen Scheiben heiß servieren.

Vorbereitungszeit:	etwa 30 Minuten
Gärzeit:	65 Minuten
Backzeit:	20 Minuten bei 220° C und
	35 Minuten bei 200° C

Tip:
Das abgekühlte Schinkenbrot kann im Backofen oder Mikrowellenherd wieder heiß gemacht werden. Die Oberfläche des Schinkenbrots kann vor dem Backen mit Sesam, Kümmel oder Mohn überstreut werden.

Mit Natursauerteig gebacken

Haselnußbrot

400 g grober Roggenschrot, frisch gemahlen oder Type 1800
400 ml Wasser (reichlich 1/3 l)
300 g Weizenvollkornmehl, fein gemahlen, oder
    150 g Grahammehl, Type 1700 fein, und
    150 g Weizenmehl, Type 1050
1 Päckchen Frischhefe oder 1 Beutel Trockenhefe
1 TL Zucker oder Honig
50 ml Wasser (1/20 l)
3 TL Salz
4 TL Brotgewürz (Reformhaus)
100 g grob gehackte Haselnußkerne

1 Beutel Natursauerteig
Weizenvollkornmehl zum Kneten
30 g in Scheibchen geschnittene Haselnüsse zum Bestreuen
Backpapier oder Fett zum Ausstreichen des Backblechs

24 Stunden vor dem Backen den Roggenschrot in eine Schüssel geben und mit 400 ml kaltem Wasser verrühren.

Die Schüssel in einen Plastikbeutel schieben, damit kein Wasser verdunsten kann, und zum Quellen kühl stellen.

Am Backtag das Weizenvollkornmehl in eine Schüssel geben und in die Mitte eine Mulde drücken. In einer Tasse die Hefe mit dem Zucker oder Honig und 50 ml handwarmem Wasser verrühren und in die Mulde gießen. Mit wenig Mehl zu einem Brei mischen.

Die Schüssel in einen Plastikbeutel schieben und in der warmen Küche oder dem temperierten Backofen (35° C) etwa 20 Minuten aufgehen lassen, bis die Hefe Blasen zeigt.

Den Hefeansatz mit etwas Weizenmehl überdecken und das Salz, das Brotgewürz, die gehackten Haselnüsse, den handwarmen Sauerteig und den küchenwarmen, am Tag vorher eingeweichten Roggenschrot hinzufügen. Alles zusammen etwa 10 Minuten kräftig durchkneten.

Den Teig zu einem Ball formen, in die bemehlte Schüssel legen, in einen Plastikbeutel schieben und nochmals 30 Minuten aufgehen lassen, bis sich der Umfang verdoppelt hat.

Danach den Teig erneut auf einer bemehlten Arbeitsplatte kräftig durchkneten, bis er nicht mehr klebt. Zu einem runden oder länglichen Laib formen. Entweder in ein Gärkörbchen (siehe Seite 18) oder in eine gefettete Kastenform legen.

In einem Plastikbeutel nochmals 60 Minuten aufgehen lassen, bis der Teiglaib sich verdoppelt hat. Aus dem Gärkörbchen den Laib auf ein vorbereitetes Backblech stürzen. (Der Laib in der Backform bleibt darin.)

Die Teigoberfläche mit warmem Wasser bestreichen, mit den Haselnußscheiben bestreuen und diese leicht andrücken, so daß sie haften bleiben.

Den Teig in den auf 225° C vorgeheizten Backofen des E-Herdes auf die 2. Schiene von unten schieben und zunächst 20 Minuten

backen. Dann auf 200° C herunterschalten und 40 Minuten weiterbacken (Heißluftherd 180/160° C, Gasherd Stufe 4–5/4). Auch
hier eine Schale mit kochendem Wasser auf den Boden des Backofens stellen, bevor das Backen beginnt.

Das fertig gebackene Brot vorsichtig auf einen Gitterrost legen.
Die Oberfläche mit Wasser bestreichen und mit einem feuchten
Tuch bedecken. Sobald das Brot abgekühlt ist, das inzwischen
getrocknete Tuch abnehmen.

Vorbereitungszeit:	etwa 35 Minuten
Gärzeit:	110 Minuten
Backzeit:	20 Minuten bei 225° C
	40 Minuten bei 200° C

Tip:
Anstelle der Haselnüsse kann man dem Teig auch grob ge-
hackte Erd- oder Walnüsse zusetzen. Eine leckere Abart ist das
Sonnenblumenbrot, bei dem man 70 g ganze Körner für den
Teig und 30 g zum Bestreuen verwendet.

Gewürzbrot

400 g grober Roggenschrot, frisch gemahlen, oder Type 1800
400 ml Wasser (reichlich 1/3 l)
300 g Weizenvollkornmehl – frisch, mittelfein gemahlen, oder
 Type 1700 fein
1 Päckchen Frischhefe oder 1 Beutel Trockenhefe
1 TL Zucker oder Honig
100 ml Wasser (knapp 1/8 l)
3 TL Salz
1 TL Fenchel
1 TL Anis
1 TL Koriander
1 TL Kümmel
1 Beutel Natursauerteig

Weizenvollkornmehl zum Kneten
Backpapier oder Fett zum Ausstreichen des Backblechs
4 EL ganze Gewürzkörner zum Bestreuen

Die Abfolge entspricht dem Haselnußbrot. 24 Stunden vor dem Backen den Roggenschrot in eine Schüssel geben und mit 400 ml kaltem Wasser verrühren. Die Schüssel in einen Plastikbeutel schieben, damit kein Wasser verdunsten kann, und zum Quellen kühl stellen.

Am Backtag das Weizenvollkornmehl in eine Schüssel geben und in die Mitte eine Mulde drücken. In einer Tasse die Hefe, den Zucker oder Honig und 50 ml handwarmes Wasser verrühren und in die Mulde gießen. Mit wenig Mehl zu einem Brei mischen. Die Schüssel in einen Plastikbeutel schieben und in der warmen Küche oder im temperierten Backofen (35° C) etwa 20 Minuten aufgehen lassen, bis sich Blasen zeigen.

Den Hefeansatz mit etwas Weizenmehl abdecken und die Gewürze (nach Geschmack), den handwarmen Natursauerteig, den Rest Wasser sowie den am Tag vorher zum Quellen aufgestellten, warmen Roggenschrot hinzufügen.

Diese Masse 10 Minuten lang kräftig durchkneten und zu einem Ball formen. In die bemehlte Schüssel legen, in einen Plastikbeutel schieben und 30 Minuten aufgehen lassen, bis sich der Umfang verdoppelt hat. Danach den Teig nochmals auf einer bemehlten Arbeitsplatte kräftig durchkneten, bis er nicht mehr klebt.

Zu einem runden oder länglichen Laib formen und entweder in ein mit Mehl ausgestreutes Gärkörbchen (Seite 18) oder in eine gefettete Kastenform (35 × 15 cm) legen. In einen Plastikbeutel schieben und 60 Minuten aufgehen lassen, bis sich der Laib verdoppelt hat.

Das Gärkörbchen auf ein vorbereitetes Backblech stürzen. Bei Verwendung einer Backform den Teig darin lassen und das Brot in der Form backen. Die Teigoberfläche mit warmem Wasser bestreichen und mit Gewürzkörnern bestreuen, die leicht angedrückt werden.

Das Brot in den auf 225° C vorgeheizten Backofen des E-Herdes auf die 2. Schiene von unten schieben und 20 Minuten backen.

Dann auf 200° C herunterschalten und nochmals 40 Minuten backen (Heißluftherd 180/160° C, Gasherd Stufe 4–5/4). Vor Beginn des Backens eine Schale mit heißem Wasser auf den Boden des Backofens stellen.

Nach dem Backen das Brot vorsichtig auf einen Gitterrost legen, mit warmem Wasser bestreichen und in ein feuchtes Tuch einwikkeln. Sobald das Brot abgekühlt ist, das inzwischen abgetrocknete Tuch entfernen.

Vorbereitungszeit:	etwa 35 Minuten
Gärzeit:	110 Minuten
Backzeit:	20 Minuten bei 225° C
	40 Minuten bei 200° C

Tip:
Die Gewürze können als ganze Körner, geschrotet oder gemahlen in den Teig geknetet werden. Dabei können Sie je nach Ihrem Geschmack Gewürze weglassen oder durch andere ersetzen.

Sechskornbrot

350 g Donaths Sechskornmehl (Reformhaus)
350 ml Wasser (knapp über 1/3 l)
400 g Roggenvollkornmehl – frisch, fein gemahlen, oder Type 1800
1 Päckchen Frischhefe oder 1 Beutel Trockenhefe
1 TL Zucker oder Honig
100 ml Wasser (knapp 1/8 l)
3 TL Salz
1 Beutel Natursauerteig
Roggenvollkornmehl zum Kneten
Fett zum Ausstreichen der Kastenform (35 × 15 cm)

24 Stunden vor dem Backen Donaths Sechskorn in eine Schüssel geben und mit 350 ml kaltem Wasser verrühren. Die Schüssel in einen Plastikbeutel schieben, damit kein Wasser verdunsten kann, und zum Quellen kühl stellen.

Am Backtag das Roggenvollkornmehl in eine Schüssel geben und in die Mitte eine Mulde drücken. In einer Tasse die Hefe, den Zucker oder Honig und 50 ml handwarmes Wasser verrühren und in die Mulde gießen. Mit wenig Mehl zu einem Brei mischen. Die Mehlschüssel in einen Plastikbeutel schieben und in der warmen Küche oder im temperierten Backofen (35° C) etwa 20 Minuten aufgehen lassen, bis die Hefe Blasen zeigt.

Den Hefeansatz mit etwas Roggenmehl bedecken und das Salz, den handwarmen Natursauerteig, den Rest Wasser und das gequollene, vorher erwärmte Sechskorn hinzufügen.

Alles etwa 10 Minuten kräftig durchkneten.

Den Teig zu einem Ball formen, in die bemehlte Schüssel legen, in einen Plastikbeutel schieben und 30 Minuten aufgehen lassen, bis sich der Umfang verdoppelt hat.

Danach den Teig nochmals auf einer bemehlten Arbeitsplatte kräftig durchkneten, bis er nicht mehr klebt. Zu einem länglichen Laib formen und in eine gefettete Kastenform legen. Diese in einen Plastikbeutel schieben und 60 Minuten aufgehen lassen, bis sich der Laib verdoppelt hat.

Die Oberfläche des Teigs mit warmem Wasser bestreichen.

Den Teig in den auf 225° C vorgeheizten Backofen des E-Herdes auf die 2. Schiene von unten schieben und 20 Minuten backen. Danach auf 200° C herunterschalten und nochmals 40 Minuten weiterbacken (Heißluftherd 180/160° C, Gasherd Stufe 4–5/4). Bei Beginn des Backens eine Schale mit kochendem Wasser auf den Backofenboden stellen.

Nach dem Backen die Brotoberfläche mit warmem Wasser bestreichen und das Brot in der Form 10 Minuten abkühlen lassen. Vorsichtig aus der Form lösen und auf einen Gitterrost legen. Das Brot in ein feuchtes Tuch wickeln, das abgenommen wird, wenn das Brot erkaltet und das Tuch getrocknet ist.

Vorbereitungszeit:	etwa 35 Minuten
Gärzeit:	110 Minuten
Backzeit:	20 Minuten bei 225° C
	40 Minuten bei 200° C

Leinsamenbrot

350 g Roggenvollkornmehl – frisch, mittelfein gemahlen, oder Type 1800
400 g Weizenvollkornmehl – frisch, fein gemahlen oder Type 1700 fein
1 Päckchen Frischhefe oder 1 Beutel Trockenhefe
1 TL Zucker oder Honig
400 ml (reichlich 1/3 l) Wasser
3 TL Salz
1 Beutel Natursauerteig
75 g Leinsamenschrot
Roggenvollkornmehl zum Kneten
Fett zum Ausstreichen der Kastenform (35 × 15 cm)
1 EL Leinsamen zum Bestreuen.

Das Mehl in einer Schüssel mischen und in die Mitte eine Mulde drücken.

In einer Tasse die Hefe, den Zucker oder Honig und 50 ml handwarmes Wasser rühren und in die Mulde gießen. Mit wenig Mehl zu einem Brei mischen.

Die Schüssel in eine Plastiktüte schieben, damit keine Feuchtigkeit entweichen kann. In der warmen Küche oder im temperierten Backofen (35° C) etwa 20 Minuten aufgehen lassen, bis die Hefe Blasen zeigt.

Den Hefeansatz mit etwas Mehl bedecken, das Salz, den Natursauerteig und den mit kochendem Wasser übergossenen, 15 Minuten lang gequollenen und dann abgetropften Leinsamenschrot und den Rest handwarmes Wasser hinzufügen. Das alles 10 Minuten kräftig durchkneten.

Den Teig zu einem Ball formen, in die bemehlte Schüssel legen, in einen Plastikbeutel schieben und 30 Minuten aufgehen lassen, bis sich sein Umfang verdoppelt hat.

Danach den Teig nochmals auf einer bemehlten Arbeitsplatte kräftig durchkneten und zu einem länglichen Laib formen.

Diesen in eine gefettete Kastenform legen, in einen Plastikbeutel schieben und 60 Minuten aufgehen lassen, bis sich der Teiglaib verdoppelt hat.

Die Oberfläche mit warmem Wasser bestreichen und Leinsamen daraufstreuen und leicht andrücken, damit die Samenkörner haften bleiben.

Den Teig in den auf 225° C vorgeheizten Backofen des E-Herdes auf die 2. Schiene von unten schieben und 20 Minuten backen. Dann auf 200° C herunterschalten und nochmals 40 Minuten backen (Heißluftherd 180/160° C, Gasherd Stufe 4–5/4). Bei Beginn des Backens eine Schale mit kochendem Wasser auf den Boden des Backofens stellen.

Nach dem Backen die Oberfläche des Brotes mit Wasser bestreichen und 10 Minuten in der Form abkühlen lassen.

Dann vorsichtig aus der Form lösen und auf einen Gitterrost legen. Das Brot in ein feuchtes Tuch einwickeln.

Das erkaltete Brot von dem inzwischen getrockneten Tuch befreien.

Vorbereitungszeit:	etwa 35 Minuten
Gärzeit:	etwa 110 Minuten
Backzeit:	20 Minuten bei 225° C
	40 Minuten bei 200° C

Mit Backferment gebacken

Haferflockenbrot

500 g Roggenschrot – frisch, sehr grob gemahlen, oder Type 1800
1 gehäufter TL Sekowa-Spezial-Backferment (Reformhaus)
1 gehäufter TL Grundansatz des Backferments,
  wahlweise auch statt des Backferments 150 g Sauerteig,
  selbst angesetzt oder vom Bäcker
1/2 l Wasser

250 g kernige Vollkorn-Haferflocken
1/4 l Buttermilch
500 g Weizenvollkornmehl, mittelfein gemahlen, oder Type 1700 fein
4 TL Salz
1 EL brauner Zucker
Weizenvollkornmehl zum Kneten
Haferflocken zum Bestreuen
Backpapier oder Fett zum Ausstreichen des Backblechs

Den Teigansatz aus dem Roggenschrot, dem Backferment mit Grundansatz – oder statt dessen: Sauerteig – und handwarmem Wasser in einer großen Schüssel am Abend vor dem Backen zubereiten.

Am folgenden Morgen 1 Stunde vor dem Kneten des Hauptteigs Haferflocken mit Buttermilch begießen und zugedeckt quellen lassen.

Für den Hauptteig nach 1 Stunde zum Teigansatz die gequollenen Haferflocken, das Weizenvollkornmehl sowie das Salz und den Zucker geben. Alles zu einem festen Teig verarbeiten und auf einer bemehlten Arbeitsplatte 10 Minuten kräftig kneten.

Den Teig zu einem Ball formen, in eine bemehlte Schüssel legen und in einen Plastikbeutel schieben. 60 Minuten in der warmen Küche oder im temperierten Backofen (35° C) aufgehen lassen, bis sich sein Umfang verdoppelt hat.

Danach den Teig nochmals durchkneten, zu einem länglichen Laib formen, auf ein vorbereitetes Backblech legen und mit warmem Wasser bestreichen. Mit Folie oder einem feuchten Tuch bedecken und so noch einmal 60 Minuten aufgehen lassen.

Dann die Oberfläche des Teigs nochmals mit warmem Wasser bestreichen, mit Haferflocken überstreuen und diese leicht andrücken.

Den Teig in den Backofen des auf 225° C vorgeheizten E-Herdes auf die 2. Schiene von unten schieben und 20 Minuten backen. Danach auf 200° C schalten und weitere 40 Minuten backen (Heißluftherd 180/160° C, Gasherd Stufe 4–5/4). Zu Beginn des Backens eine Schale mit kochendem Wasser auf den Boden des Backofens stellen.

Nach dem Backen das Brot vorsichtig auf einen Gitterrost legen, mit Wasser bestreichen und in ein feuchtes Tuch wickeln. Langsam abkühlen lassen und vom erkalteten Brot das abgetrocknete Tuch entfernen.

Vorbereitungszeit:	etwa 45 Minuten
Gärzeit:	insgesamt mindestens 14 Stunden
Backzeit:	20 Minuten bei 225° C
	40 Minuten bei 200° C

Kerniges Haferbrot

250 g Hafervollkornmehl – frisch, mittelfein gemahlen
150 g Weizenvollkornmehl – frisch, mittelfein gemahlen, oder
   Type 1800 fein
200 g Weizenschrot – frisch, grob gemahlen, oder Type 1700 grob
400 g Roggenschrot – frisch, grob gemahlen, oder Type 1800
1 gehäufter TL Sekowa-Spezial-Backferment
1 gehäufter TL Grundansatz des Backferments
   wahlweise auch statt des Backferments 150 g Sauerteig,
   selbst angesetzt oder vom Bäcker
1/2 l Wasser
4 TL Salz
Hafervollkornmehl zum Kneten
Backpapier oder Fett zum Ausstreichen des Backblechs
Haferflocken zum Bestreuen

Am Abend vor dem Backen aus dem Weizen- und Roggenschrot, dem Backferment mit Grundansatz (oder Sauerteig) und handwarmem Wasser in einer großen Schüssel den Teigansatz zubereiten (siehe Seite 20).
Am folgenden Morgen zum Teigansatz für den Hauptteig das Hafer- und Weizenvollkornmehl und das Salz hinzufügen. Diese Masse zu einem festen Teig verarbeiten und auf einer bemehlten Arbeitsplatte 10 Minuten kräftig kneten.
Den Teig zu einem Ball formen, in eine bemehlte Schüssel legen

und in einen Plastikbeutel schieben. 60 Minuten in der warmen Küche oder im temperierten Backofen (35° C) aufgehen lassen, bis sich sein Umfang verdoppelt hat.

Danach den Teig erneut durchkneten, zu einem länglichen Laib formen und auf ein vorbereitetes Backblech legen.

Die Oberfläche mit warmem Wasser bestreichen. Den Teiglaib mit Folie oder einem feuchten Tuch bedecken und 60 Minuten aufgehen lassen.

Nochmals mit Wasser bestreichen und mit Haferflocken überstreuen und diese festdrücken.

Den E-Herd auf 225° C vorheizen und das Backblech auf die 2. Schiene von unten schieben und den Teig 20 Minuten backen. Danach noch 40 Minuten bei 200° C backen (Heißluftherd 180/160° C, Gasherd Stufe 4–5/4). Zu Beginn des Backens eine Schale mit kochendem Wasser auf den Boden des Backofens stellen.

Nach dem Ende der Backzeit das Brot vorsichtig auf einen Gitterrost legen, mit Wasser bestreichen, in ein feuchtes Tuch wickeln und langsam abkühlen lassen.

Vorbereitungszeit:	etwa 45 Minuten
Gärzeit:	mindestens 14 Stunden
Backzeit:	20 Minuten bei 225° C
	40 Minuten bei 200° C

Tip:
Anstelle von Hafervollkornmehl kann das Brot auch mit Gersten- oder Grünkernmehl gebacken werden.

Roggen-Landbrot

150 g ganze Roggenkörner
400 g Roggenschrot – frisch, sehr grob gemahlen, oder Type 1800
1 gehäufter TL Sekowa-Spezial-Backferment
1 gehäufter TL Grundansatz des Backferments

wahlweise auch statt des Backferments 150 g Sauerteig,
  selbst angesetzt oder vom Bäcker
1/2 l Wasser
300 g Roggenvollkornmehl – frisch, mittelfein gemahlen, oder Type 1800
200 g Weizenvollkornmehl – frisch, mittelfein gemahlen, oder
  Type 1700 fein
4 TL Salz
5 TL Brotgewürz (Reformhaus)
Weizenvollkornmehl zum Kneten
50 g sehr grob gemahlener Roggenschrot zum Bestreuen
Backpapier oder Fett zum Ausstreichen des Backblechs

48 Stunden vor dem vorgesehenen Backtermin die Roggenkörner
in reichlich Wasser einweichen, wobei die Körner ständig von
Wasser bedeckt sein müssen. Kühl stellen.

Am Abend vor dem Backtag aus dem Roggenschrot, dem Backfer-
ment mit Grundansatz – oder dem Sauerteig – und handwarmem
Wasser in einer großen Schüssel den Teigansatz zubereiten (siehe
Seite 20).

Am Morgen des Backtags zum Teigansatz für den Hauptteig das
Roggen- und Weizenvollkornmehl, das Salz, das Brotgewürz und
die abgetropften, gequollenen Roggenkörner hinzufügen. Alles
zu einem festen Teig verarbeiten und auf einer bemehlten Arbeitsplatte 10 Minuten kräftig kneten.

Den Teig zu einem Ball formen, in eine bemehlte Schüssel legen
und in einen Plastikbeutel schieben.

60 Minuten in der warmen Küche oder im temperierten Backofen
(35° C) aufgehen lassen, bis sich der Umfang des Teigs verdoppelt
hat.

Darauf den Teig nochmals durchkneten. Zu einem runden Laib
formen und auf ein vorbereitetes Backblech legen.

Mit warmem Wasser bepinseln, mit Folie oder einem feuchten
Tuch bedecken und 60 Minuten aufgehen lassen.

Erneut mit Wasser bestreichen und mit dem Roggenschrot bestreuen. Den Laib in den Backofen schieben.

Den E-Herd auf 225° C vorheizen und das Brot auf der 2. Schiene
von unten 20 Minuten backen. Danach noch 40 Minuten bei

200° C backen (Heißluftherd 180/160° C, Gasherd Stufe 4–5/4).
Vor Beginn des Backens eine Schale mit kochendem Wasser auf
den Boden des Backofens stellen.
Das fertig gebackene Brot vorsichtig auf einen Gitterrost legen,
mit Wasser bestreichen und in ein feuchtes Tuch wickeln. Langsam abkühlen lassen und das getrocknete Tuch vom kalten Brot
abnehmen.

Vorbereitungszeit:	etwa 45 Minuten
Gärzeit:	mindestens 14 Stunden
Zusätzlich:	48 Stunden für das Weichen der
	Roggenkörner
Backzeit:	20 Minuten bei 225° C
	40 Minuten bei 200° C

Kräuterbrot

500 g Roggenvollkornmehl – frisch, mittelfein gemahlen, oder Type 1800
1 gehäufter TL Sekowa Spezial-Backferment
1 gehäufter TL Grundansatz des Backferments,
*   wahlweise auch statt des Backferments 150 g Sauerteig,*
*   selbst bereitet oder vom Bäcker*
650 ml (etwa 2/3 l) Wasser
500 g Weizenvollkornmehl – frisch, mittelfein gemahlen, oder Type 1700
4 TL Salz
1 TL gemahlener schwarzer Pfeffer
je 2 EL frisches, feingehacktes Basilikum, Estragon, Kerbel,
*   Majoran, Petersilie, Schnittlauch*
Weizenvollkornmehl zum Kneten
Backpapier oder Fett zum Ausstreichen des Backblechs

Am Abend vor dem Backen aus dem Roggenvollkornmehl, dem
Backferment mit Grundansatz oder dem Sauerteig und 1/2 l lauwarmem Wasser in einer großen Schüssel den Teigansatz zubereiten (siehe Seite 20).
Am Backtag zum Teigansatz den Rest des warmen Wassers, das

Weizenvollkornmehl, das Salz und den Pfeffer dazufügen. Zu einem festen Teig verarbeiten und 10 Minuten auf einer bemehlten Arbeitsplatte kräftig kneten.

Den Teig zu einem Ball formen, in eine bemehlte Schüssel legen, in einen Plastikbeutel schieben und in der warmen Küche oder im temperierten Backofen (35° C) 60 Minuten aufgehen lassen, bis sich der Umfang verdoppelt hat.

Anschließend die Kräuter in den Teig kneten und diesen zu einem länglichen Laib formen.

Auf ein vorbereitetes Backblech legen, mit warmem Wasser bestreichen, mit Folie oder einem leichten feuchten Tuch bedecken und 60 Minuten aufgehen lassen.

Die Oberfläche erneut mit Wasser bestreichen. Mit einem scharfen Messer 2- bis 3mal quer einschneiden und in den Backofen schieben.

Den Backofen des E-Herdes auf 225° C vorheizen und das Brot auf der 2. Schiene von unten zunächst 20 Minuten backen und danach bei 200° C weitere 40 Minuten (Heißluftherd 180/160° C, Gasherd Stufe 4–5/4). Vor Beginn des Backens eine Schale mit kochendem Wasser auf den Boden des Backofens stellen.

Das fertig gebackene Brot vorsichtig auf einen Gitterrost legen, mit Wasser bestreichen, in ein feuchtes Tuch einwickeln und abkühlen lassen.

Vorbereitungszeit:	etwa 45 Minuten
Gärzeit:	mindestens 14 Stunden
Backzeit:	20 Minuten bei 225° C
	40 Minuten bei 200° C

Tip:
Ein Zwiebelbrot entsteht, wenn die Kräuter durch 50–100 g geröstete Zwiebeln ersetzt werden.

Sojabrot

500 g Weizenvollkornmehl – frisch, fein gemahlen, oder Type 1700 fein
1 gehäufter TL Sekowa-Spezial-Backferment
1 gehäufter TL Grundansatz des Backferments,
*   wahlweise auch statt des Backferments 150 g Sauerteig,*
*   selbst angesetzt oder vom Bäcker*
650 ml Wasser (etwa 2/3 l)
300 g Roggenvollkornmehl – frisch, fein gemahlen, oder Type 1800
200 g Sojaschrot
4 TL Salz
Roggenvollkornmehl zum Kneten
Backpapier oder Fett zum Ausstreichen des Backblechs

Am Abend vor dem Backen aus dem Weizenvollkornmehl, dem Backferment und Grundansatz – wahlweise: Sauerteig – und 1/2 l handwarmem Wasser in einer großen Schüssel den Teigansatz zubereiten (siehe Seite 20).

Am Morgen danach zum Teigansatz den Rest des warmen Wassers, das Roggenvollkornmehl, den Sojaschrot und das Salz dazufügen. Zu einem festen Teig verarbeiten und auf einer bemehlten Arbeitsplatte 10 Minuten kräftig kneten.

Den Teig zu einem Ball formen und in eine bemehlte Schüssel legen. In einen Plastikbeutel schieben und in der warmen Küche oder im temperierten Backofen (35° C) 60 Minuten aufgehen lassen, bis sich sein Umfang verdoppelt hat.

Danach den Teig erneut durchkneten, zu einem runden Laib formen und auf ein vorbereitetes Backblech legen.

Die Oberfläche mit warmem Wasser bestreichen, mit Folie oder einem leichten, feuchten Tuch bedecken und nochmals 60 Minuten aufgehen lassen.

Nochmals mit Wasser bestreichen und mit einem Grillspieß ein Lochmuster in die Oberfläche stechen.

Den Backofen des E-Herdes auf 225° C vorheizen und das Blech mit dem Brotlaib auf die 2. Schiene von unten schieben und diesen 20 Minuten backen. Danach die Temperatur herabstellen und bei 200° C weitere 45 Minuten backen (Heißluftherd 180/160° C,

Gasherd Stufe 4–5/4). Dabei vor Backbeginn eine Schale mit kochendem Wasser auf den Boden des Backofens stellen.

Das fertig gebackene Brot auf einen Gitterrost legen, mit Wasser bestreichen und in ein feuchtes Tuch wickeln, in dem es allmählich abkühlt.

Vorbereitungszeit:	etwa 45 Minuten
Gärzeit:	mindestens 14 Stunden
Backzeit:	20 Minuten bei 225° C
	45 Minuten bei 200° C

Sauerteig – selbst hergestellt

Für ein kräftiges Vollkornbrot aus Roggenmehl ist Sauerteig erforderlich. Um Roggenmehlteig zu lockern, reicht die Triebkraft der Hefe nämlich nicht mehr aus. Es liegt nahe, einen bekannten Bäcker um Sauerteig zu bitten. Auch in Reformhäusern oder Bioläden wird Sauerteig angeboten.

Sauerteig hat den Vorzug, daß er sozusagen nie abstirbt, sondern sich aus einem Rest immer wieder neu ansetzen läßt. Genau gesagt, ist Sauerteig ein gärender Roggenmehlteig, der bei Aufbewahrung im Kühlschrank, gut verschlossen, mehrere Wochen (bis zum nächsten Brotbacktag!) haltbar ist. Sobald ihm warmes Wasser und Mehl zugesetzt werden, vermehrt er sich mit Hefepilzen und Milchsäurebakterien aktiv.

Nach allerlei Versuchen haben wir uns für den folgenden eigenen Sauerteigansatz entschieden, den wir Ihnen empfehlen können. Dabei wird das Mehlgemisch am 1. Tag angesetzt, an den beiden folgenden Tagen angereichert, und am 4. Tag sollte es ein angenehm säuerlich riechender, mit Bläschen durchzogener Teig sein: Ihr selbstbereiteter Sauerteig!

Zubereitung

1. Tag: In einem hohen, ganz sauberen Schraubglas 75 g Roggen-mehl, Type 1150, oder frisches, sehr fein gemahlenes Roggenmehl mit 150 ml (reichlich 1/8 l) handwarmem Wasser und 1 Teelöffel Bienenhonig anrühren. Den Schraubdeckel auf das Glas setzen, aber nicht zudrehen.

Das Glas in ein Küchentuch wickeln, um es vor Lichteinfall und Zugluft zu schützen. Sie stellen es am besten an einen 35–40° C warmen Ort, z.B. auf die Fensterbank über dem Heizkörper.

2. Tag: Der Teig ist flüssiger geworden. Die Oberfläche ist blasig, leicht schaumig und riecht angenehm säuerlich. Sie rühren 1 Eß-löffel Roggenmehl dazu und stellen das Glas an die gleiche Stelle.

3. Tag: Der Teig sollte sich gegenüber dem 2. Tag nicht verändert haben. Sie setzen erneut 1 Eßlöffel Roggenmehl zu und stellen das Glas an die gleiche Stelle.

4. Tag: Der Sauerteig ist gelungen, wenn der Teig noch blasig-schaumig ist und angenehm riecht. Er läßt sich nun sofort zum Brotbacken verwenden oder aber im Kühlschrank in einem fest verschraubten Glas aufbewahren.

Sollte jedoch der Teig nicht gären und eher unangenehm riechen, dann ist der Sauerteig mißlungen. Das ist meist der Fall, wenn er zu kalt gestanden hat. Oder auch zu warm bis heiß. Sie müssen wohl oder übel den Versuch wiederholen.

Wir wünschen Ihnen guten Erfolg.

Mit selbst zubereitetem Sauerteig backen

Die folgenden Brotrezepte können statt mit selbst zubereitetem Sauerteig auch mit Sauerteig vom Bäcker oder mit dem in den vorhergehenden Rezepten verwendeten Sekowa-Spezial-Backferment aus dem Reformhaus hergestellt werden.

Bauernbrot

> 500 g Roggenschrot – frisch, sehr grob gemahlen, oder Type 1800
> 150 g Sauerteig
> 600 ml Wasser (nicht ganz 2/3 l)
> 400 g Roggenvollkornmehl – frisch, fein gemahlen, oder Type 1800
> 200 g Weizenvollkornmehl – frisch, mittelfein gemahlen, oder Type 1700
> fein
> 50 g Sesamkörner
> 4 TL Salz
> 4 TL Brotgewürz
> Weizenvollkornmehl zum Kneten
> Backpapier oder Fett zum Ausstreichen des Backblechs
> Sesamkörner zum Bestreuen

Den Teigansatz bereiten: Am Abend vor dem Backen den Roggenschrot in eine große Schüssel geben und in die Mitte eine Mulde drücken. Den Sauerteig hineingeben.

Langsam ½ l handwarmes Wasser in die Mitte gießen und mit dem Schneebesen so lange rühren, bis alles gründlich mit dem Roggenschrot vermischt ist.

Die Schüssel nun in einen Plastikbeutel schieben und den Teigansatz über Nacht bei etwa 20° C aufgehen lassen. Während der Heizperiode am besten auf der Fensterbank über dem warmen Heizkörper. Der Teig soll am nächsten Morgen leicht gewölbt sein, von Bläschen durchzogen und angenehm säuerlich riechen.

Den Hauptteig bereiten: Das restliche warme Wasser, das Mehl, die Sesamkörner, das Salz und das Brotgewürz am folgenden Morgen zum Teigansatz hinzufügen. Die Masse zu einem festen Teig verarbeiten und 10 Minuten auf einer bemehlten Arbeitsplatte kräftig kneten.

Den festen Teig zu einem Ball formen, in eine bemehlte Schüssel legen und in einen Plastikbeutel schieben. In der warmen Küche oder im temperierten Backofen (35° C) 60 Minuten aufgehen lassen, bis sich der Teigumfang verdoppelt hat.

Den Teig nochmals durchkneten und zu einem runden oder länglichen Laib formen.

Den Teig auf ein vorbereitetes Backblech legen, mit warmem Wasser bestreichen und mit Folie oder einem feuchten Tuch bedecken und nochmals 60 Minuten aufgehen lassen.

Die Oberfläche des Teiglaibs noch einmal mit warmem Wasser bestreichen, mit Sesamkörnern bestreuen und diese leicht festdrücken. Mit einem scharfen Messer einige Male quer einschneiden.

Den Backofen des E-Herdes auf 225° C vorheizen, das Backblech auf die 2. Schiene von unten schieben und das Brot 20 Minuten backen. Auf 200° C herunterschalten und weitere 40 Minuten backen (Heißluftherd 180/160° C, Gasherd Stufe 4–5/4). Zu Beginn des Backens eine Schale mit kochendem Wasser auf den Boden des Backofens stellen.

Das fertig gebackene Brot vorsichtig auf einen Gitterrost legen, mit Wasser bestreichen, in ein feuchtes Tuch einwickeln und damit langsam abkühlen lassen.

Vorbereitungszeit: etwa 45 Minuten
Gärzeit: mindestens 14 Stunden

20 Minuten bei 225° C
40 Minuten bei 200° C

Von diesem Teig lassen sich reizvolle Zopfbrote herstellen, da er sich gut zum Flechten und Formen eignet. Dabei ist es wichtig, jeden einzelnen Teigstrang mit Mehl zu bestäuben, damit die Stränge beim Backen nicht ineinander laufen.

Zopfbrot

Den fertig gekneteten Hauptteig in 3 gleich große Stücke teilen und jedes Teigstück zu einem 60 cm langen Strang rollen. Diese Stränge zu einem Zopf verflechten. Dieser kann entweder im Streifen gebacken oder als Halbmond, Kranz oder Brezel geformt werden.

Doppeltes Zopfbrot

Eine reizvolle Form ergibt sich, wenn 2 Zöpfe übereinander gebakken werden. Dafür wird aus $2/3$ des Teiges ein Zopf als Unterteil geflochten. Der aus dem restlichen Teigdrittel geflochtene kleinere Zopf wird auf den größeren gelegt.

Brot mit geflochtener Oberfläche

Vom fertig gekneteten Hauptteig 200 g abnehmen und in 3 gleich große Stücke teilen. Daraus Stränge rollen und einen Zopf flechten.

Aus dem restlichen Teig einen länglichen Brotlaib formen, den Zopf darauflegen und die Enden leicht andrücken. Für ein rundes Brot den Zopf zu einem Kranz flechten und darauflegen.

Die Zopfbrote auf das vorbereitete Backblech legen, mit warmem Wasser bestreichen, mit Folie oder einem leichten feuchten Tuch bedecken und 60 Minuten aufgehen lassen.

Gebacken wird wie in der vorhergehenden Anweisung für das Bauernbrot.

Die Zöpfe können nach Belieben durch Bestreuen mit Kümmel, Sesam, Mohn oder Sonnenblumenkernen interessant verziert werden.

Kükelühner Schrotbrot

650 g Roggenschrot – frisch, sehr grob gemahlen, oder Type 1800
150 g Sauerteig, selbst angesetzt oder vom Bäcker
750 ml (3/4 l) Wasser
300 g Weizenschrot – frisch, grob gemahlen, oder Type 1700
125 g Sojaschrot
100 g Leinsamenschrot
4 TL Salz
2 EL Brotgewürz (Reformhaus)
Weizenschrot zum Kneten
Backpapier oder Fett zum Ausstreichen des Backblechs

Am Abend vor dem Backen aus dem Roggenschrot, dem Sauerteig und 1/2 l handwarmem Wasser in einer großen Schüssel den Teigansatz zubereiten.

Am Backtag zum Teigansatz den Rest des warmen Wassers, den Weizenschrot, den Sojaschrot, den mit kochendem Wasser überbrühten und 15 Minuten gequollenen, abgetropften Leinsamenschrot, das Salz und das Brotgewürz hinzufügen. Zu einem festen Teig verarbeiten und auf einer bemehlten Arbeitsplatte 10 Minuten lang kräftig kneten.

Den Teig zu einem Ball formen und in eine bemehlte Schüssel legen. In einen Plastikbeutel schieben und in der warmen Küche oder im temperierten Backofen (35° C) 60 Minuten aufgehen lassen, bis sich der Umfang verdoppelt hat.

Danach den Teig erneut durchkneten, zu einem länglichen Laib formen und auf ein vorbereitetes Backblech legen.

Mit warmem Wasser bepinseln, mit Folie oder einem feuchten Tuch bedecken und noch einmal 60 Minuten aufgehen lassen.

Nochmals mit warmem Wasser bestreichen und in den auf 225° C vorgeheizten Backofen auf die 2. Schiene von unten schieben. Zu Beginn des Backens eine Schale mit kochendem Wasser auf den Boden des Backofens stellen.

Zunächst 20 Minuten bei 225° C backen. Dann herunterschalten und 40 Minuten bei 200° C backen (Heißluftherd 180/160° C, Gasherd Stufe 4–5/5).

Nach dem Backen das Brot auf einen Gitterrost legen, mit Wasser bestreichen, in ein feuchtes Tuch wickeln und damit langsam abkühlen lassen.

Vorbereitungszeit:	etwa 45 Minuten
Gärzeit:	mindestens 14 Stunden
Backzeit:	20 Minuten bei 225° C
	40 Minuten bei 200° C

Saftiges Kartoffelbrot

500 g Roggenschrot – frisch, sehr grob gemahlen, oder Type 1800
150 g Sauerteig, selbst angesetzt oder vom Bäcker
750 ml (³/4 l) Wasser
500 g Roggenvollkornmehl – frisch, fein gemahlen, oder Type 1800
500 g Weizenvollkornmehl – frisch, fein gemahlen, oder Type 1700 fein
500 g gekochte, fein geriebene Kartoffeln
6 TL Salz
4 TL gemahlener Kümmel
1 TL gemahlener schwarzer Pfeffer
ganze Kümmelkörner zum Bestreuen
Fett zum Ausstreichen und Weizenvollkornmehl zum Ausstreuen einer
    Kastenform (35 × 15 cm)

Am Abend vor dem Backen aus dem Roggenschrot, dem Sauerteig und 1/2 l handwarmem Wasser in einer großen Schüssel einen Teigansatz zubereiten.

Am Backtag zum Teigansatz für den Hauptteig den Rest des Wassers (warm), das Mehl, die geriebenen Kartoffeln, das Salz, den gemahlenen Kümmel und den Pfeffer dazufügen und den weichen Teig mit dem Knethaken eines Rührgeräts in der Schüssel gründlich kneten. Wer will, kann auch mit den Händen kneten. Die Schüssel mit dem gut gekneteten Teig in einen Plastikbeutel schieben und den Teig in der warmen Küche oder im temperierten Backofen (35° C) 60 Minuten aufgehen lassen, bis sich die Menge verdoppelt hat.

Dann den Teig nochmals gründlich durchrühren, in eine gefettete und mit Mehl ausgestreute Kastenform füllen und mit der Rückseite eines wiederholt in Wasser getauchten Eßlöffels glattstreichen.

Die Kastenform in einen Plastikbeutel schieben, den Teig noch einmal 60 Minuten aufgehen lassen.

Mit Kümmelkörnern bestreuen und in den auf 225° C vorgeheizten Backofen auf die unterste Schiene schieben.

Eine Schale mit kochendem Wasser zu Beginn des Backens auf den Boden des Backofens stellen.

20 Minuten bei 225° C, anschließend 45 Minuten bei 200° C backen.

Nach dem Backen die Brotoberfläche mit Wasser bestreichen. Die Form mit einem feuchten Tuch bedecken und das Brot in der Backform abkühlen lassen.

Vorbereitungszeit:	etwa 50 Minuten
Gärzeit:	mindestens 14 Stunden
Backzeit:	20 Minuten bei 225° C
	etwa 45 Minuten bei 200° C

Würziges Bierbrot

500 g Roggenschrot – frisch, sehr grob gemahlen, oder Type 1800
150 g Sauerteig, selbst angesetzt oder vom Bäcker
450 ml (knapp 1/2 l) Wasser
200 g Roggenvollkornmehl – frisch, mittelfein gemahlen, oder Type 1800
400 g Weizenvollkornmehl – frisch, mittelfein gemahlen, oder Type 1700
4 TL Salz
4 TL Brotgewürz (Reformhaus)
150 ml (reichlich 1/8 l) helles Bier
2 EL Honig
Roggenvollkornmehl zum Kneten
Bier zum Bestreichen
Backpapier oder Fett zum Ausstreichen des Backblechs

Am Abend vor dem Backen aus dem Roggenschrot, dem Sauerteig und dem handwarmen Wasser in einer großen Schüssel den Teigansatz bereiten.

Am nächsten Morgen dem Teigansatz für den Hauptteig die Mehle, das Salz, das Brotgewürz und den in Bier aufgelösten Honig handwarm hinzufügen. Zu einem festen Teig verarbeiten und 10 Minuten auf einer bemehlten Arbeitsplatte kräftig kneten.

Den Teig zu einem Ball formen, in eine bemehlte Schüssel legen und in einen Plastikbeutel schieben. 60 Minuten aufgehen lassen, bis sich sein Umfang verdoppelt hat (warme Küche oder im 35° C warmen Backofen).

Danach den Teig nochmals durchkneten. Zu einem runden Laib formen und auf ein vorbereitetes Backblech legen. Die Oberfläche mit angewärmtem Bier bestreichen.

Den Teiglaib mit Folie oder einem feuchten Tuch bedecken und 60 Minuten aufgehen lassen.

Noch einmal mit Bier bestreichen und in den auf 225° C vorgeheizten Backofen auf die 2. Schiene von unten schieben und 20 Minuten backen. Danach den Herd auf 200° C herunterschalten und weitere 40 Minuten backen (Heißluftherd 180/160° C, Gasherd Stufe 4–5/4). Zu Beginn des Backens eine Schale mit kochendem Wasser auf den Boden des Backofens stellen.

Nach dem Backen das Brot vorsichtig auf einen Gitterrost legen, mit Wasser bestreichen, in ein feuchtes Tuch einwickeln und darin langsam abkühlen lassen.

Vorbereitungszeit:	etwa 45 Minuten
Gärzeit:	mindestens 14 Stunden
Backzeit:	20 Minuten bei 225° C
	etwa 40 Minuten bei 200° C

Tip:
Statt Honig kann auch Sirup verwendet werden, durch den das Brot dunkler wird.

Buchweizen-Schrotbrot

650 g Roggenschrot – frisch, sehr grob gemahlen, oder Type 1800
150 g Sauerteig, selbst angesetzt oder vom Bäcker
750 ml (3/4 l) Wasser
250 g Buchweizengrütze
100 g Sesamsaat (Reformhaus)
250 g Weizenvollkornmehl – frisch, mittelfein gemahlen, oder Type 1700
4 TL Salz
1 EL gemahlener Koriander
Weizenvollkornmehl zum Kneten
Backpapier oder Fett zum Ausstreichen des Backblechs

Am Abend vor dem Backen aus Roggenschrot, Sauerteig und 1/2 l handwarmemn Wasser in einer großen Schüssel den Teigansatz zubereiten.

Am Morgen des Backens zunächst – 2 Stunden, bevor die Teigbearbeitung beginnt – die Buchweizengrütze und den Sesam mischen, mit dem Rest des handwarmen Wassers übergießen und quellen lassen.

Zusammen mit dem Weizenvollkornmehl, dem Salz und dem Koriander nach 2 Stunden zum Teigansatz geben und zu einem festen Teig verarbeiten. Auf einer bemehlten Arbeitsplatte 10 Minuten kräftig kneten.

Den Teig zu einem Ball formen und in eine bemehlte Schüssel legen. In einen Plastikbeutel schieben und in der warmen Küche oder im temperierten Backofen (35° C) 60 Minuten aufgehen lassen, bis sich sein Umfang verdoppelt hat.

Danach den Teig nochmals durchkneten, zu einem länglichen Laib formen und auf ein vorbereitetes Backblech legen. Mit warmem Wasser bepinseln, mit Folie oder einem feuchten Tuch bedekken und nochmals 60 Minuten aufgehen lassen.

Erneut mit warmem Wasser bestreichen und in den auf 225° C vorgeheizten Backofen auf die 2. Schiene von unten schieben. Zu Beginn des Backens eine Schale mit kochendem Wasser auf den Boden des Backofens stellen.

Das Brot 20 Minuten bei 225° C und danach 40 Minuten bei

200° C backen (Heißluftherd 180/160° C, Gasherd Stufe 4–5/4). Nach dem Backen auf einen Gitterrost legen, mit warmem Wasser überstreichen und in ein feuchtes Tuch wickeln, bis es abgekühlt ist.

Vorbereitungszeit:	etwa 45 Minuten
Gärzeit:	mindestens 14 Stunden
Backzeit:	20 Minuten bei 225° C
	etwa 40 Minuten bei 200° C

Fladenbrot

500 g Roggenvollkornmehl – frisch, mittelfein gemahlen, oder Type 1800
150 g Sauerteig, selbst angesetzt oder vom Bäcker
1/2 l Wasser
500 g Weizenvollkornmehl – frisch, mittelfein gemahlen, oder Type 1700
150 ml (reichlich 1/8 l) Milch
4 TL Salz
1 EL Kümmel
2 EL Fenchel oder statt Kümmel und Fenchel 2 EL Brotgewürz
Weizenvollkornmehl zum Kneten
Milch zum Bestreichen
Backpapier oder Fett zum Ausstreichen des Backblechs

Am Abend vor dem Backen aus dem Roggenvollkornmehl und dem Sauerteig mit 1/2 l handwarmem Wasser in einer großen Schüssel den Teigansatz zubereiten.

Am Morgen des Backtags zum Teigansatz das Weizenvollkornmehl, die handwarme Milch, das Salz und das Gewürz oder die Kräuter hinzufügen. Zu einem festen Teig verarbeiten und auf einer bemehlten Arbeitsplatte 10 Minuten kräftig kneten.

Den Teig zu einem Ball formen, in eine bemehlte Schüssel legen, in einen Plastikbeutel schieben und in der warmen Küche oder im temperierten Backofen (35° C) 60 Minuten aufgehen lassen, bis sich der Umfang verdoppelt hat.

Nun den Teig noch einmal durchkneten und in 4 gleich große

Stücke teilen. Jedes Teigstück zu einer runden Platte von etwa 25 cm Durchmesser ausrollen und auf ein vorbereitetes Backblech legen.

Die Oberfläche mit warmer Milch bestreichen. Mit einem Tuch bedecken und 50 Minuten aufgehen lassen.

Dann nochmals mit warmer Milch bestreichen und die Oberfläche mit einem Grillspieß schneckenförmig einstechen.

Das Backblech in den auf 225° C vorgeheizten Backofen auf die 2. Schiene von unten schieben und die Brote zunächst 10 Minuten bei 225° C, danach 25 Minuten bei 200° C backen. Zu Beginn des Backens eine Schale mit kochendem Wasser in den Backofen auf den Boden stellen (Heißluftherd 180/160° C, Gasherd Stufe 4–5/4).

Die fertig gebackenen Fladen auf einen Gitterrost legen, mit Wasser bestreichen, mit einem feuchten Tuch bedecken und darunter abkühlen lassen.

Vorbereitungszeit:	etwa 45 Minuten
Gärzeit:	mindestens 14 Stunden
Backzeit:	10 Minuten bei 225° C
	etwa 25 Minuten bei 200° C

Tip:
Originell sieht es aus, wenn Sie aus den Fladen in der Mitte eine Teigplatte von etwa 5 cm Durchmesser ausstechen, so daß der Fladen einen Ring bildet. Die Oberfläche kann mit Sesam-, Mohn- oder Kümmelkörnern bestreut werden.

Brötchen, Brezeln und Hörnchen

Dieses Brötchen-Allerlei können Sie von Brotteig – wie im vorhergehenden Kapitel beschrieben, siehe auch die Grahambrötchen (Seite 30) –, von Hefeteig oder auch von Backpulverteig herstellen, wie bei jedem Rezept angegeben ist.

Brötchen

> 500 g Weizenvollkornmehl oder Dinkel – frisch, fein gemahlen, oder
> 250 g Weizenvollkornmehl, Type 1700 fein, und
> 250 g Weizenmehl, Type 1050
> 1 Päckchen Frischhefe oder 1 Beutel Trockenhefe
> 2 TL Salz
> 2 TL Zucker
> 300 ml (knapp 1/3 l) Wasser
> Backpapier oder Fett zum Ausstreichen des Backblechs
> Milch zum Bestreichen
> Mohn, Sesam oder Leinsamen zum Bestreuen

Das Mehl mit der zerkrümelten Hefe, dem Salz und dem Zucker in einer Schüssel gut vermischen. Das lauwarme Wasser unterrühren und den festen Teig mit den Händen kräftig kneten, bis er geschmeidig ist und nicht mehr klebt.

Zu einer Kugel formen und in die bemehlte Schüssel legen. Die Schüssel in einen Plastikbeutel schieben und in der warmen Küche oder im temperierten Backofen (35° C) 30 Minuten aufgehen lassen.

Darauf den Teig noch einmal durchkneten und in Stücke von je 50 g teilen. Jedes Teigstückchen kneten und zu einer Kugel formen. In Abständen auf ein vorbereitetes Backblech setzen.

Mit einer Folie oder einem leichten, feuchten Tuch bedecken und nochmals 30 Minuten aufgehen lassen.

Die Oberflächen mit warmer Milch bestreichen und nach Geschmack mit Mohn, Sesam oder Leinsamen bestreuen.

In den auf 200° C vorgeheizten Backofen auf die 2. Schiene von unten schieben (Heißluftherd 160° C, Gasherd Stufe 4). Eine Schale mit kochendem Wasser auf den Boden des Backofens stellen.

Die Brötchen etwa 35 Minuten backen. Wenn sie fertig sind, auf einen Gitterrost legen, mit einem feuchten Tuch bedecken und abkühlen lassen.

Vorbereitungszeit:	etwa 30 Minuten
Gärzeit:	60 Minuten
Backzeit je Blech:	etwa 35 Minuten bei 200° C

Die Teigmasse ergibt ungefähr 15 Brötchen.

Tip:
Die Teigmasse kann zuletzt durch 1 Eßlöffel Weizenkeime angereichert werden.

Zwiebelbrötchen

> *500 g Weizenvollkornmehl – frisch, fein gemahlen, <u>oder</u>*
> *300 g Weizenvollkornmehl, Type 1700 fein, und*
> *200 g Weizenmehl, Type 1050*
> *1 TL Salz*

1 TL Selleriesalz
1/2 TL gemahlener schwarzer Pfeffer
1 Päckchen Frischhefe oder 1 Beutel Trockenhefe
2 EL Zucker
1/4 l Milch
60 g Butter oder Margarine
Weizenvollkornmehl zum Kneten
50 g geröstete Zwiebeln (fertig käuflich)
Backpapier oder Fett zum Ausstreichen des Backblechs
Butter zum Bestreichen

Einen Hefeteig nach Vorschrift (Seite 19) zubereiten und in den aufgegangenen Teig die feingehackten, gerösteten Zwiebeln kneten.

Den Teig in Stücke von je etwa 50 g teilen. Jedes Stück durchkneten und zu einem runden Bällchen formen. In Abständen auf ein vorbereitetes Backblech setzen. Mit Folie oder einem feuchten Tuch zudecken und 15 Minuten aufgehen lassen.

Die Oberfläche mit flüssiger Butter bestreichen und die Brötchen in den auf 200° C vorgeheizten Backofen auf die 2. Schiene von oben schieben (Heißluftherd 160° C, Gasherd Stufe 4). Zu Beginn des Backens eine Schale mit kochendem Wasser auf den Boden des Backofens stellen.

Die Brötchen bei 200° C 35 Minuten backen und nach dem Backen auf einen Gitterrost legen, mit einem feuchten Tuch bedekken und abkühlen lassen.

Vorbereitungszeit:	etwa 30 Minuten
Gärzeit:	65 Minuten
Backzeit:	etwa 35 Minuten (1 Blech) bei 200° C

Die Masse ergibt etwa 15 Zwiebelbrötchen.

Kartoffelbrötchen

Für diese Brötchen wird der gleiche Teig wie für das Kartoffelbrot (Seite 54) verwendet, jedoch lediglich die halbe Menge. Auch die Herstellung ist gleich. Den fertig gekneteten Hauptteig in Stücke von je 50 g Gewicht teilen, in Papierförmchen legen und auf ein mit Backpapier ausgelegtes oder gefettetes Backblech setzen.

Die Oberfläche der Teigstückchen mit warmem Wasser bepinseln und die Brötchen mit Folie bedecken. 30 Minuten aufgehen lassen. Den Backofen des E-Herdes auf 225° C vorheizen und die Brötchen auf der 2. Schiene von unten 10 Minuten und danach bei 200° C noch 25–30 Minuten backen (Heißluftherd 180/160° C, Gasherd Stufe 4–5/4). Vor dem Backen eine Schale mit kochendem Wasser auf den Boden des Backofens stellen.

Vorbereitungszeit:	etwa 50 Minuten
Gärzeit:	mindestens 14 Stunden
Backzeit:	10 Minuten bei 225° C
	etwa 25–30 Minuten bei 200° C

Die Masse ergibt etwa 25 Stück.

Quarkbrötchen

300 g Weizenvollkornmehl – frisch, fein gemahlen, oder Type 1700 fein
1 Päckchen Backpulver
250 g trockener Magerquark
4 EL Speiseöl, kalt gepreßt
1 Ei
1 TL Salz
1 TL Zucker
Backpapier oder Fett zum Ausstreichen des Backblechs
Kondensmilch zum Bestreichen

Das Weizenvollkornmehl mit dem Backpulver mischen und mit den anderen Zutaten zu einem glatten Teig verkneten.

In Stücke von etwa 50 g teilen und zu Kugeln formen und sie auf ein vorbereitetes Backblech setzen.

Die Oberfläche mit Kondensmilch bestreichen und in den auf 200° C vorgeheizten Backofen auf die 2. Schiene von unten schieben (Heißluftherd 160° C, Gasherd Stufe 4). Die 30 Minuten lang gebackenen Brötchen zum Auskühlen auf einen Gitterrost legen.

Vorbereitungszeit: 10 Minuten
Backzeit: 30 Minuten bei 200° C

Schmalzsemmeln

400 g Roggenvollkornmehl – frisch, fein gemahlen, oder Type 1800
1 gehäufter TL Sekowa-Spezial-Backferment und
1 gehäufter TL Grundansatz des Backferments oder
*   150 g Sauerteig, selbst angesetzt oder vom Bäcker*
1/4 l Buttermilch
1/4 l Milch
600 g Weizenvollkornmehl – frisch, fein gemahlen, oder Type 1700 fein
4 TL Salz
1 EL brauner Zucker
150 g ungesalzenes Schweine- oder Griebenschmalz
Weizenvollkornmehl zum Kneten
Backpapier oder Fett zum Ausstreichen des Backblechs
Milch zum Bestreichen
Kümmel zum Bestreuen

Am Abend vorher aus dem Roggenvollkornmehl, dem Backferment mit Grundansatz oder dem Sauerteig, der handwarmen Buttermilch und der Milch in einer großen Schüssel den Teigansatz bereiten.

Am Backmorgen zum Teigansatz für den Hauptteig das Weizenvollkornmehl, das Salz, den Zucker und weiches Schweineschmalz hinzufügen. Zu einem festen Teig verarbeiten und 10 Minuten auf einer bemehlten Arbeitsplatte kräftig kneten, bis er elastisch ist und nicht mehr klebt.

Den Teig zu einem Ball formen, in eine bemehlte Schüssel legen und in einen Plastikbeutel schieben. 60 Minuten in der warmen Küche oder im temperierten Backofen (35° C) aufgehen lassen, bis sich sein Umfang verdoppelt hat.

Danach den Teig erneut durchkneten und in Stücke von je 100 g teilen. Jedes Teigstück nochmals durchkneten und zu einer etwa 10 cm langen Rolle formen.

Auf ein vorbereitetes Backblech legen, mit einer Folie oder einem leichten, feuchten Tuch bedecken und noch einmal 60 Minuten aufgehen lassen.

Die Oberfläche der Semmeln mit warmer Milch bestreichen und mit Kümmel bestreuen.

In den auf 225° C vorgeheizten Backofen schieben und auf der 2. Schiene von unten 10 Minuten backen. Danach bei 200° C nochmals etwa 40 Minuten backen (Heißluftherd 180/160° C, Gasherd Stufe 4–5/5). Zu Beginn des Backens eine Schale mit kochendem Wasser auf den Boden des Backofens stellen.

Die gebackenen Semmeln auf einen Gitterrost legen, mit einem feuchten Tuch bedecken und langsam abkühlen lassen.

Vorbereitungszeit:	etwa 45 Minuten
Gärzeit:	mindestens 14 Stunden
Backzeit:	10 Minuten bei 225° C
	etwa 40 Minuten bei 200° C

Die Masse ergibt ungefähr 16 Semmeln.

Korinthenbrötchen

500 g Weizenvollkornmehl – frisch, fein gemahlen, <u>oder</u>
250 g Weizenvollkornmehl, Type 1700 fein, und
250 g Weizenmehl, Type 550
1 TL Salz
1 Päckchen Frischhefe oder 1 Beutel Trockenhefe
1 EL Zucker
1/8 l Milch

1 Ei
100 g Butter oder Margarine
abgeriebene Schale von 1 ungespritzten Zitrone
100 g Korinthen
50 g gehacktes Zitronat
Weizenvollkornmehl zum Kneten
Backpapier oder Fett zum Ausstreichen des Backblechs
Zum Bestreichen: 2 Eigelb
3 EL Milch

Das Mehl und das Salz in einer Schüssel mischen. In die Mitte eine Mulde drücken, die Hefe hineinbröckeln und mit dem Zucker, der handwarmen Milch und dem Mehl zu einem Brei verrühren.

Die Schüssel in einen Plastikbeutel schieben und den Teig 20 Minuten in der warmen Küche oder im temperierten Backofen (35° C) um das Doppelte aufgehen lassen.

Auf dem Mehlrand 1 verquirltes Ei, weiche Fettflöckchen und die abgeriebene Zitronenschale verteilen und alles mit dem Hefeansatz verkneten, bis der Teig fest, glatt und geschmeidig ist.

Zu einem Ball formen, in eine bemehlte Schüssel legen, in einen Plastikbeutel schieben und 30 Minuten aufgehen lassen, bis sich der Umfang verdoppelt hat.

Die Korinthen mit heißem Wasser abspülen, 2 Minuten darin quellen lassen, dann abgießen und mit Küchenkrepp abtrocknen. Zusammen mit dem gehackten Zitronat unter den Teig kneten.

Den Teig in Stücke von je 50 g Gewicht teilen und jeweils runde Bällchen davon formen. In Abständen auf ein vorbereitetes Backblech setzen. Die 2 Eigelb mit der Milch verquirlen und die Oberfläche der Teigbrötchen damit bestreichen. Mit einem Tuch bedecken und noch einmal 30 Minuten aufgehen lassen.

In den auf 200° C vorgeheizten Backofen schieben (Heißluftherd 160° C, Gasherd Stufe 4). Zu Beginn des Backens eine Schale mit kochendem Wasser auf den Boden des Backofens stellen.

Die Brötchen etwa 30 Minuten backen. Dann auf einen Gitterrost legen und mit einem feuchten Tuch bedeckt abkühlen lassen.

Vorbereitungszeit:	etwa 30 Minuten
Gärzeit:	80 Minuten
Backzeit:	etwa 30 Minuten für 1 Blech bei 200° C

Die Masse ergibt ungefähr 15 Korinthenbrötchen.

Eierwecken

650 g Weizenvollkornmehl – frisch, fein gemahlen, <u>oder</u>
  400 g Weizenvollkornmehl, Type 1700 fein, und
  250 g Weizenmehl, Type 550
100 g Zucker
1 TL Salz
1 1/4 Päckchen Frischhefe (etwa 50 g)
  oder 1 reichlicher Beutel Trockenhefe
300 ml (knapp 1/3 l) Milch
100 g Butter oder Margarine
3 kleine Eigelb
Weizenvollkornmehl zum Kneten
1 Eigelb
1 EL Milch
1 EL Mohn oder Sesamsaat
Backpapier oder Fett zum Ausstreichen des Backblechs

Das Mehl mit dem Zucker und dem Salz in einer Schüssel mischen und in die Mitte eine Mulde drücken. Die Frischhefe in 50 ml handwarmem Wasser auflösen, in die Mulde rühren und mit etwas Mehl zu einem Brei vermischen.
Die Schüssel in einen Plastikbeutel schieben und den Teig in der warmen Küche oder im temperierten Backofen (35° C) etwa 20 Minuten aufgehen lassen, bis die Hefe Blasen wirft. Trockenhefe direkt mit dem Mehl vermischen, so daß der Hefeansatz nicht notwendig ist.
Den Hefeansatz mit Mehl bestreuen.
Das Fett im Rest der Milch auflösen, handwarm über das Mehl

gießen und mit den 3 Eigelben auf einer bemehlten Arbeitsplatte zu einem festen, glatten Teig kneten, der nicht mehr klebt.

Den Teig zu einem Ball formen, in die bemehlte Schüssel legen und in einen Plastikbeutel schieben und etwa 30 Minuten aufgehen lassen, bis sich der Umfang verdoppelt hat.

Den Teig nun noch einmal tüchtig durchkneten und in Teigstückchen von je 50 g teilen. Die Teigstückchen zu Bällchen formen und auf ein vorbereitetes Backblech legen.

Mit warmem Wasser gleichmäßig bestreichen und mit Folie zudecken, damit keine Feuchtigkeit entweicht. 30 Minuten aufgehen lassen, bis die Bällchen den Umfang verdoppelt haben.

Das restliche Eigelb mit warmer Milch verquirlen. Die Wecken damit bestreichen und mit Sesam oder Mohn überstreuen.

Das Blech in den auf 225° C vorgeheizten Backofen auf die 2. Schiene von unten schieben und die Wecken 10 Minuten backen, dann auf 200° C herunterschalten und nochmals in 20 Minuten goldbraun backen (Heißluftherd 180/160° C, Gasherd Stufe 4–5/4). Bei Backbeginn eine Schale mit kochendem Wasser auf den Boden des Backofens stellen.

Die nach etwa 30 Minuten fertigen Eierwecken auf einem Gitterrost auskühlen lassen.

Vorbereitungszeit:	etwa 25 Minuten
Gärzeit:	80 Minuten
Backzeit:	10 Minuten bei 225° C
	20 Minuten bei 200° C

Kolatschen

> *500 g Weizenvollkornmehl – frisch, fein gemahlen, oder*
> *300 g Weizenvollkornmehl, Type 1700 fein, und*
> *200 g Weizenmehl, Type 1050*
> *1/2 TL Salz*
> *1 Päckchen Frischhefe oder 1 Beutel Trockenhefe*
> *60 g Zucker*
> *1/8 l Milch*

1 Päckchen Vanillezucker
abgeriebene Schale von 1 ungespritzten Zitrone
1 Ei
60 g Butter oder Margarine
Weizenvollkornmehl zum Kneten
Backpapier oder Fett zum Ausstreichen des Backblechs
Zum Bestreichen 2 Eigelb
Zum Belag: 150 g Quark
2 EL Zucker
1 Päckchen Vanillezucker
2 TL Vanillepuddingpulver
1 Ei
1 EL flüssige Butter
1 Prise Salz
abgeriebene Schale einer ungespritzten Zitrone
Pflaumenmus

Grundlage bildet ein Hefeteig, wie er auf Seite 19 beschrieben ist. Den aufgegangenen Hefeteig in Stücke von etwa 50 g teilen. Durchkneten und zu runden Bällchen formen und auf ein vorbereitetes Backblech setzen. Dabei etwas flachdrücken.

Mit dem verquirlten Ei bestreichen und mit einem Tuch bedeckt 15 Minuten aufgehen lassen.

Inzwischen die Zutaten für den Belag – ohne Pflaumenmus – verrühren. Wenn der Teig aufgegangen ist, die Mitte der Kolatschen eindrücken und die Quarkfüllung hineingeben. In die dann ebenfalls leicht eingedrückte Quarkfüllung ein Häufchen Pflaumenmus setzen.

Das Backblech in den auf 200° C vorgeheizten E-Herd auf die 2. Schiene von unten schieben und die Kolatschen 35 Minuten backen (Heißluftherd 160° C, Gasherd Stufe 4).

Die fertigen Kolatschen auf einem Gitterrost abkühlen lassen.

Vorbereitungszeit:	etwa 35 Minuten
Gärzeit:	etwa 65 Minuten
Backzeit:	etwa 35 Minuten bei 200° C

Die Masse gibt ungefähr 15 Stück.

Apfelbälle

Sie werden in einer sogenannten Buchtelform gebacken, die gewöhnlich 7 Vertiefungen für ebenso viele Apfelbälle hat. Dementsprechend sind die Mengenangaben.

250 g Weizenvollkornmehl – frisch, fein gemahlen, oder
  125 g Weizenvollkornmehl, Type 1700 fein, und
  125 g Weizenmehl, Type 1050
1/2 Päckchen Frischhefe (20 g) oder
  1/2 Beutel Trockenhefe
1/8 l Milch
50 g Zucker
1 Päckchen Vanillezucker
1 Prise Salz
abgeriebene Schale von 1/2 ungespritzten Zitrone
100 g Butter oder Margarine
Fett zum Ausstreichen und Weizenvollkornmehl zum Ausstreuen
  der Buchtelform
Zur Füllung: 7 kleine Äpfel (Durchmesser je etwa 4 cm)
          Zucker nach Geschmack
          1 Stange Zimt
          3 EL Rum
          30 g Rosinen
          Puderzucker zum Bestreuen

Das Mehl in eine Schüssel geben und mit der Trockenhefe vermischen. Bei Frischhefe einen Hefeansatz – siehe Seite 20 – zubereiten. Den Zucker, den Vanillezucker, das Salz und die abgeriebene Zitronenschale dazugeben und alles mit lauwarmer Milch verrühren.
Zuletzt das weiche Fett darüberflocken und mit den Händen alles so lange kneten, bis der Teig nicht mehr klebt und glatt ist.
Zu einer Kugel formen, in eine bemehlte Schüssel legen und in einen Plastikbeutel schieben. Zugedeckt in der warmen Küche oder im temperierten Backofen (35° C) 45 Minuten um das Doppelte aufgehen lassen.

In dieser Zeit die Äpfel schälen, von Blüte und Stengel befreien und vorsichtig, damit die Frucht als Ganzes erhalten bleibt, das Kerngehäuse aushöhlen.

1/4 l Wasser mit reichlich Zucker und Zimt aufkochen. Die Äpfel hineinsetzen, noch einmal 2 Minuten mitkochen, dann im Saft etwas abkühlen lassen. Die noch warmen Äpfel mit den vorher im erwärmten Rum eingeweichten Rosinen füllen.

Den aufgegangenen Teig in 7 Teile teilen. Jedes Teil mit dem bemehlten Handballen tellerartig flachdrücken. Mit jedem Teigplättchen 1 Apfel umhüllen und die Teigenden gut zusammendrücken. Mit dem Verschluß nach unten in die gefettete und mit Mehl ausgestreute Buchtelform setzen.

Mit Folie oder einem feuchten Tuch bedecken und die Apfelbälle noch einmal 30 Minuten aufgehen lassen.

Dann die Form zum Backen in den auf 200° C vorgeheizten Backofen des E-Herdes auf die 2. Schiene von unten schieben und die Apfelbälle 35–40 Minuten goldgelb backen (Heißluftherd 160° C, Gasherd Stufe 4).

Die fertig gebackenen Apfelbälle noch heiß mit Puderzucker bestreuen. Sie können nach Belieben warm oder kalt gegessen werden.

Vorbereitungszeit:	etwa 35 Minuten
Gärzeit:	75 Minuten
Backzeit:	35–40 Minuten bei 200° C

Tip:
Noch interessanter schmecken die Apfelbälle, wenn der Puderzucker zum Bestreuen mit Zimt vermischt wird.
Anstatt mit Rosinen können die Äpfel auch mit gehackten Mandeln oder Kokosflocken (leicht angeröstet) gefüllt werden. Dafür werden 3 Eßlöffel Mandeln bzw. Kokosraspeln mit 1 Teelöffel Honig vermischt.

Allerlei aus Hefeteig

500 g Weizenvollkornmehl – frisch, fein gemahlen, oder
250 g Weizenvollkornmehl, Type 1700 fein, und
250 g Weizenmehl, Type 1050
1 1/2 TL Salz
1 Päckchen Frischhefe oder 1 Beutel Trockenhefe
30 g Zucker
1/8 l Milch
1 Ei
75 g Butter oder Margarine
abgeriebene Schale von 1 ungespritzten Zitrone
Weizenvollkornmehl zum Kneten
Backpapier oder Fett zum Ausstreichen des Backblechs
Zum Bestreichen: 2 Eigelb
1 EL Milch
Zum Bestreuen: nach Wahl Hagelzucker, gehackte Mandeln oder Nüsse,
Mohn, Sesam, Liebesperlen.

Das Mehl und das Salz in einer Schüssel vermischen. In die Mitte eine Mulde drücken.

Hefe und Zucker in lauwarmer Milch auflösen.

Das verquirlte Ei, weiche Fettflöckchen und die abgeriebene Zitronenschale auf dem Mehlrand verteilen.

Die Hefemilch in die Mulde gießen und von der Mitte aus alles zu einem geschmeidigen Teig verkneten, der nicht mehr klebt.

Den Teig zu einem Ball formen, in eine bemehlte Schüssel legen, in einen Plastikbeutel schieben und 60 Minuten in der warmen Küche oder im temperierten Backofen (35° C) aufgehen lassen, bis sich sein Umfang verdoppelt hat.

Je nach Gebäckart den Teig formen. Dabei werden die einzelnen Zopfstränge leicht mit Mehl bestäubt, damit sie beim Backen nicht ineinander laufen. Das können Sie backen:

Neujahrsbrezel

Den Teig in 3 gleich große Stücke teilen. Jedes Teigstück nochmals durchkneten und zu 60 cm langen Strängen rollen, die sich zu den

Enden hin verjüngen. Die Stränge zu einem Zopf flechten und auf dem vorbereiteten Backblech zu einer Brezel formen.

Kleine Kaffeebrezeln

Für jede Brezel den Teig in 3 Teigstücke von je 30 g teilen. Davon 35 cm lange Rollen in Bleistiftdicke formen. Zu Brezeln schlingen und auf ein vorbereitetes Backblech legen.

Frühstückskränze

Für jedes Kränzchen den Teig in 3 Teigstücke von je 30 g teilen. Davon 30 cm lange Rollen formen, einen Zopf flechten und zu einem Kranz verbinden.

Osterzöpfchen

Für jedes Zöpfchen den Teig in 3 Teigstücke von je 50 g teilen. Daraus gleich lange, etwa 2 cm dicke Rollen formen und zu einem Zopf flechten.

Auf ein vorbereitetes Backblech legen. Eine Flechtmasche in der Mitte etwas erweitern, so daß später ein Hühnerei hineingedrückt werden kann.

Ringe

Für jeden Ring den Teig in Stücke von 50 g teilen. Das Teigstück 20 cm lang rollen und zu einem Ring verbinden. Auf ein vorbereitetes Backblech legen und die Oberfläche mehrere Male mit einem scharfen Messer schräg einschneiden.

Das geformte Gebäck mit Folie bedecken und 30 Minuten aufgehen lassen. Die 2 Eigelbe und die Milch verquirlen, die Oberfläche damit bestreichen und – nach Geschmack – überstreuen.
In den auf 200° C vorgeheizten Backofen schieben und auf der 2. Schiene von oben 30 Minuten backen (Heißluftherd 160° C, Gasherd Stufe 4).
Die fertigen Gebäckstücke auf einen Gitterrost legen und mit einem feuchten Tuch bedeckt abkühlen lassen.

Vorbereitungszeit:	etwa 35 Minuten
Gärzeit:	90 Minuten
Backzeit je Blech:	30 Minuten bei 200° C

Kaffeeschnecken

500 g Weizenvollkornmehl – frisch, fein gemahlen, <u>oder</u>
   300 g Weizenvollkornmehl, Type 1700 fein, und
   200 g Weizenmehl Type 550
1/2 TL Salz
1 Päckchen Frischhefe oder 1 Beutel Trockenhefe
50 g Zucker
1/8 l Milch
abgeriebene Schale von 1 ungespritzten Zitrone
1 Ei
75 g Butter oder Margarine
Weizenvollkornmehl zum Ausrollen des Teigs
Für die Füllung: 2 EL Butter
                200 g Marzipanrohmasse
                Puderzucker
                50 g Rosinen
                50 g Korinthen
                1 TL Zimt
                Backpapier oder Fett zum Ausstreichen des Backblechs
Für den Guß: 1 Eiweiß
              200 g Puderzucker
              Saft von 1/2 Zitrone

Grundlage ist ein Hefeteig, dessen Vorbereitung auf Seite 19 f. beschrieben ist.

Den aufgegangenen Hefeteig auf einer bemehlten Arbeitsplatte zu einem Quadrat von etwa 40 × 40 cm etwa 1/2 cm dick ausrollen und mit zerlassener Butter bestreichen.

Die Marzipanrohmasse auf Puderzucker dünn ausrollen und in der Größe zum Teig passend quadratisch formen. Auf den Hefeteig legen und mit Rosinen, Korinthen und Zimt bestreuen.

Den Teig vorsichtig aufrollen und von der Rolle Scheiben von etwa 2 cm Stärke mit einem scharfen Messer abschneiden und auf ein vorbereitetes Backblech legen. Die Schnecken mit einem feuchten Tuch bedecken und noch einmal 15 Minuten aufgehen lassen. Den Backofen des E-Herdes auf 200° C vorheizen, das Backblech auf die 2. Schiene von oben schieben und die Schnecken 25–30 Minuten backen (Heißluftherd 160° C, Gasherd Stufe 4).

Die gebackenen Schnecken auf einen Gitterrost legen. Für den Guß das Eiweiß hellschaumig schlagen, mit Puderzucker und Zitronensaft zu einer dicklichen Masse rühren. Die Oberfläche der noch heißen Schnecken damit glasieren.

Vorbereitungszeit: etwa 45 Minuten
Gärzeit: 70 Minuten
Backzeit: etwa 25–30 Minuten bei 200° C

Die Masse ergibt etwa 20 Schnecken.

Hefehörnchen

500 g Weizenvollkornmehl – frisch, fein gemahlen, oder
  300 g Weizenvollkornmehl, Type 1700 fein, und
  200 g Weizenmehl, Type 1050
1 Päckchen Frischhefe oder 1 Beutel Trockenhefe
1 TL Salz
60 g Zucker
abgeriebene Schale von 1 ungespritzten Zitrone
75 g Butter oder Margarine
200 ml (1/5 l) Milch
Weizenvollkornmehl zum Ausrollen
Zur Füllung: 200 g würzige Konfitüre (Aprikosen, Erdbeer, Himbeer
       oder Kirsch)
       50 g Rosinen
Zur Glasur: 150 g Puderzucker
       2 EL Zitronensaft

Das Weizenvollkornmehl mit der zerkrümelten Hefe, dem Salz, dem Zucker und der abgeriebenen Zitronenschale in einer Schüssel gut mischen.

Das Fett in der Milch auflösen und handwarm unter das Mehlgemisch rühren. Mit dem Knethaken eines Rührgeräts oder mit der Hand zu einem geschmeidigen Teig verkneten. Der Teig darf nicht mehr kleben, sondern muß sich von der Schüssel lösen und anfangen, Blasen zu zeigen.

Den Teig zu einem Ball formen, in die bemehlte Schüssel legen, in einen Plastikbeutel schieben und in der warmen Küche oder im temperierten Backofen (35° C) 30 Minuten aufgehen lassen, bis sich sein Umfang verdoppelt hat.

Dann den Teig noch einmal kurz durchkneten und auf einer bemehlten Arbeitsplatte 1/2 cm dick ausrollen.

Mit einem Kuchenrädchen oder einem scharfen Messer Quadrate mit einer Seitenlänge von etwa 10 cm ausschneiden.

Für die Füllung Konfitüre glattrühren und die gewaschenen und mit Küchenkrepp abgetrockneten Rosinen daruntermischen.

Auf eine Teigecke 1 Teelöffel Konfitüre setzen, von der Spitze her aufrollen und zu einem zierlichen Hörnchen formen.

Die Hörnchen jeweils mit den notwendigen Abständen auf ein vorbereitetes Backblech legen und mit einer Folie oder einem feuchten Tuch bedeckt noch einmal 30 Minuten aufgehen lassen.

In den auf 200° C vorgeheizten Backofen auf die 2. Schiene von oben schieben und 25 Minuten backen (Heißluftherd 160° C, Gasherd Stufe 4).

Die fertig gebackenen Hörnchen auf einen Gitterrost legen. Puderzucker und Zitronensaft zu einem Brei verrühren. Die Oberfläche der heißen Hörnchen damit glasieren.

Die Hörnchen können warm oder kalt gegessen werden.

Vorbereitungszeit:	etwa 40 Minuten
Gärzeit:	60 Minuten
Backzeit:	etwa 25 Minuten bei 200° C

Die Masse ergibt etwa 15 Hörnchen.

Vollkornkuchen, die allen schmecken

Gugelhupf oder Wiener Napfkuchen

Nur im Süden ist der Begriff Gugelhupf bekannt. Im Norden spricht man mehr vom Topfkuchen oder Puffer oder Napfkuchen. Dabei ist das Wort »Gugelhupf«, was ja besagt, daß dieser Kuchen aus der Kuchel, der Form, hupft, ungemein lebendig. Uns schmeckt jedenfalls ein Gugelhupf besser als ein Topfkuchen, obwohl das Rezept für beide genau gleich ist.

500 g Weizenvollkornmehl – frisch, fein gemahlen, oder
  250 g Weizenvollkornmehl, Type 1700 fein, und
  250 g Weizenmehl, Type 1050
1 Päckchen Vanillezucker
1/2 TL Salz
1 Päckchen Frischhefe
1/4 l Milch
200 g Zucker
2 Eier
125 g Butter oder Margarine
abgeriebene Schale von 1 ungespritzten Zitrone
abgeriebene Schale von 1/2 ungespritzten Orange
600 g gehackte Mandeln
60 g Rosinen
60 g Korinthen
50 g feingewürfeltes Zitronat

Fett zum Ausstreichen der Form
30 g gemahlene Mandeln zum Ausstreuen einer großen Gugelhupf-
oder Napfkuchenform

Das Mehl in eine Schüssel geben und mit dem Vanillezucker und dem Salz vermischen. In die Mitte eine Mulde drücken.

Die Hefe mit der Milch und 1 Eßlöffel Zucker verrühren und in die Mulde gießen. Mit etwas Mehl zu einem Brei verrühren.

Die Schüssel in einen Plastikbeutel schieben und den Teig etwa 20 Minuten in der Küche oder im temperierten Backofen (35° C) um das Doppelte aufgehen lassen.

Dann den Rest der handwarmen Milch, den Zucker, die Eier, das weiche Fett und die abgeriebene Zitronen- und Orangenschale hinzufügen. Alles miteinander vermischen und so lange schlagen, bis der weiche Teig anfängt, Blasen zu zeigen und sich vom Schüsselrand löst.

Die Schüssel wieder in den Plastikbeutel schieben und den Teig 30 Minuten aufgehen lassen. Danach die gehackten Mandeln, die Rosinen, die Korinthen und das Zitronat darunterkneten.

Die Napfkuchenform dick einfetten, mit den geriebenen Mandeln sorgfältig ausstreuen und den Teig hineinfüllen. Die Form in den Plastikbeutel schieben und den Teig noch einmal 20 Minuten aufgehen lassen.

Den Backofen auf 200° C vorheizen, die Form auf die unterste Schiene schieben und den Kuchen eine knappe Stunde backen (Heißluftherd 160° C, Gasherd Stufe 3–4).

Den fertig gebackenen Kuchen in der Form mit einem feuchten Tuch bedecken und langsam abkühlen lassen. Wenn er erkaltet ist, vorsichtig aus der Form lösen.

Vorbereitungszeit:	etwa 25 Minuten
Gärzeit:	70 Minuten
Backzeit:	etwa 55 Minuten bei 200° C

Denken Sie bitte daran: Der Kuchen sollte einen Tag ruhen, bevor Sie ihn anschneiden. Sonst besteht die Gefahr, daß er krümelig und bröckelig ist.

Rodonkuchen

200 g Butter oder Margarine
200 g Zucker
1 Päckchen Vanillezucker
1/2 TL Salz
4 Eigelb
abgeriebene Schale von 1 ungespritzten Zitrone
375 g Weizenvollkornmehl – frisch, fein gemahlen, <u>oder</u>
    250 g Weizenvollkornmehl, Type 1700 fein, und
    125 g Weizenmehl, Type 1050
100 g geriebene süße Mandeln
3 geriebene bittere Mandeln
1/8 l Milch
1 Päckchen Frischhefe
Fett zum Ausstreichen und
30 g geriebene Mandeln zum Ausstreuen einer großen Napfkuchenform
Zum Guß: 300 g Vollmilchkuvertüre
           2 EL Milch

Das Fett in einer Schüssel sahnig und dann mit dem Zucker, dem Vanillezucker und dem Salz schaumig rühren. Nach und nach das Eigelb, die abgeriebene Zitronenschale, das leicht angewärmte Mehl und die Mandeln hinzufügen.
In der handwarmen Milch die Hefe auflösen, zum Teig geben und alles gut miteinander verrühren.
Den weichen Teig in die gefettete und mit geriebenen Mandeln ausgestreute Napfkuchenform füllen. Die Form in einen Plastikbeutel schieben und den Teig in der warmen Küche oder im temperierten Backofen (35° C) 60 Minuten aufgehen lassen.
Den Backofen des Elektroherds auf 200° C vorheizen, die Form auf die unterste Schiene schieben und den Kuchen etwa 50 Minuten backen (Heißluftherd 160° C, Gasherd Stufe 4).
Über den fertig gebackenen Kuchen in der Form ein feuchtes Tuch decken und den Kuchen darunter langsam auskühlen lassen. Sobald er erkaltet ist, vorsichtig aus der Form lösen.
Für den Guß Kuvertüre im Wasserbad (Simmertopf) auflösen, mit

der Milch verrühren und den Kuchen damit gleichmäßig dick
überziehen.

Vorbereitungszeit:	etwa 20 Minuten
Gärzeit:	60 Minuten
Backzeit:	etwa 50 Minuten bei 200° C

Marmorkuchen

250 g Butter oder Margarine
250 g Zucker
1 Päckchen Vanillezucker
1/2 TL Salz
4 Eier
abgeriebene Schale von 1 ungespritzten Zitrone
500 g Weizenvollkornmehl – frisch, fein gemahlen, oder
   300 g Weizenvollkornmehl, Type 1700 fein, und
   200 g Weizenmehl, Type 1050
1 Backpulver
5 EL Milch
35 g Kakaopulver
Fett zum Ausstreichen und
Weizenvollkornmehl zum Ausstreuen einer 30 cm langen Kastenform

In einer Schüssel das Fett mit dem Zucker, dem Vanillezucker und
dem Salz schaumig rühren.
Nach und nach die Eier hinzufügen und ebenso die abgeriebene
Zitronenschale und das mit dem Backpulver vermischte Mehl.
4 Eßlöffel Milch hineinrühren.
Der so gerührte Teig muß dann schwer reißend vom Löffel fallen,
also weder fließen noch festhängen.
Den Kakao mit 1 Eßlöffel Milch zu einem Brei vermischen. 1/3 des
Teigs abnehmen, mit dem Kakao dunkel färben und gut verrüh-
ren.
Den hellen und den dunklen Teig abwechselnd in die gefettete und
mit Mehl ausgestreute Kastenform füllen.

Nach Belieben mit einer Gabel der Länge nach einmal durch den Teig ziehen, um die »Marmorierung« zu verstärken. Die Oberfläche glattstreichen, den Teig zudecken und 20 Minuten ruhen lassen.

Die Form in den ungeheizten Backofen des E-Herdes auf die unterste Schiene stellen und bei 180° C (Heißluftherd 150° C, Gasherd Stufe 3) eine reichliche Stunde backen.

Den fertig gebackenen Kuchen mit einem feuchten Tuch bedecken und in der Form langsam auskühlen lassen. Dann vorsichtig aus der Form stürzen.

Vorbereitungszeit:	etwa 20 Minuten
Backzeit:	etwa 65 Minuten bei 180° C

Getränkter Zitronenkuchen

250 g Butter oder Margarine
250 g Zucker
1 Päckchen Vanillezucker
1 Prise Salz
5 Eier
abgeriebene Schale von 2 unbehandelten Zitronen
250 g Weizenvollkornmehl – frisch, fein gemahlen, oder
    100 g Weizenvollkornmehl, Type 1700 fein, und
    150 g Weizenmehl, Type 505
3/4 Päckchen Backpulver
Fett zum Ausreiben einer Kastenform von 28–30 cm Länge
Zum Guß: 3–4 Zitronen (100 ml = 1/10 l Zitronensaft)
    100 g Puderzucker

Das Fett und den Zucker schaumig rühren und nach und nach den Vanillezucker, das Salz und die Eier hinzufügen.

Die Mehle mit dem Backpulver vermischen und unter die Masse ziehen.

Zum Quellen 10 Minuten stehen lassen und dann in eine gut eingefettete Kastenform füllen.

Den Backofen auf 180° C vorheizen, die Form auf die 2. Schiene von unten schieben und den Kuchen etwa 1 Stunde goldgelb backen (Heißluftherd 150° C, Gasherd Stufe 3).
Den fertig gebackenen Kuchen in der Form etwas auskühlen lassen und dann vorsichtig auf einen Gitterrost legen.
Die Oberfläche mit einer Stricknadel (oder einem Grillspieß) gleichmäßig einstechen.
Für den Guß den Zitronensaft und den Puderzucker verrühren und den noch warmen Kuchen gleichmäßig damit tränken.

Vorbereitungszeit: etwa 20 Minuten
Backzeit: 60 Minuten bei 180° C

Möhrennapfkuchen

350 g Weizenvollkornmehl – frisch, sehr fein ausgemahlen, oder
    Type 1700 fein
1 Päckchen Backpulver
2 TL Zimt
1/2 TL Kardamom
1/2 TL gemahlene Nelken
1/2 TL Salz
250 g gemahlene Haselnüsse
4 Eigelb
Saft und abgeriebene Schale von 1 ungespritzten Zitrone
200 ml (1/5 l) kaltgepreßtes Speiseöl
250 g geriebene Möhren
300 g Zucker
4 Eiweiß
1 Päckchen Vanillezucker
Fett zum Ausstreichen und
geblätterte Haselnüsse zum Ausstreuen der Napfkuchenform

Das Weizenvollkornmehl in eine Schüssel geben und mit dem Backpulver, den Gewürzen und den gemahlenen Haselnüssen gründlich mischen.

Danach die Eigelbe, den Zitronensaft, die abgeriebene Zitronenschale sowie das Öl und die Möhren darunterrühren.
Zuletzt den Zucker mit dem (dicken) Teig vermengen.
Das Eiweiß mit dem Vanillezucker steif schlagen und mit dem Schneebesen luftig unter den Teig heben (nicht rühren!).
Die Napfkuchenform gründlich einfetten und mit blättrigen Haselnüssen ausstreuen.
Den Teig hineinfüllen und auf die untere Schiene des kalten Backofens des E-Herdes schieben. Nun den Herd auf 180° C erhitzen und den Kuchen in einer reichlichen Stunde goldgelb backen (Heißluftherd 150° C, Gasherd Stufe 3).
Den fertigen Kuchen in der Form 10 Minuten abkühlen lassen. Vorsichtig den Rand lösen und auf einem Gitterrost endgültig auskühlen lassen.

Vorbereitungszeit: 25 Minuten
Backzeit: 65 Minuten bei 180° C

Tip:
Der Kuchen hält sich lange frisch, wenn man ihn in einem hohen geschlossenen Topf oder einer Blechdose aufhebt.

Apfel-Mandel-Brot

500 g ungesüßtes Apfelmus
2 Eier
50 g geschmolzenes Butterschmalz
500 g Weizenvollkornmehl – frisch, fein gemahlen, oder Type 1700 fein
200 g Zucker
1/2 TL Salz
1/2 TL Zimt
100 g gehackte Mandeln
1 1/2 Päckchen Backpulver
Fett zum Ausstreichen, Weizenvollkornmehl zum Ausstreuen
  einer Kastenform (35 × 15 cm)

Das Apfelmus mit den Eiern und dem Butterschmalz in einer Schüssel schaumig rühren.

In einer 2. Schüssel das Mehl mit dem Zucker, dem Salz, dem Zimt, den Mandeln und dem Backpulver vermischen, zum Apfelmus geben und gut verrühren. Der Teig muß schwer reißend vom Löffel fallen.

Den Teig in eine vorbereitete Kastenform füllen, die Oberfläche glattstreichen und in den auf 180° C vorgeheizten Backofen auf die unterste Schiene schieben (Heißluftherd 150° C, Gasherd Stufe 3).

Das fertig gebackene »Brot« mit einem feuchten Tuch bedecken und in der Form auskühlen lassen. Dann die Ränder lösen und vorsichtig stürzen.

Vorbereitungszeit:	etwa 15 Minuten
Backzeit:	70–75 Minuten bei 180° C

Aniskuchen

100 g Butter oder Margarine
150 g Zucker
1 Vanillezucker
1 Prise Salz
2 Eier
400 g Weizenvollkornmehl – frisch, fein ausgemahlen, <u>oder</u>
    250 g Weizenvollkornmehl, Type 1700 fein, und
    150 g Weizenmehl, Type 550
1 Päckchen Backpulver
1/4 l Milch
20 g gestoßener Anis
abgeriebene Schale von 1 unbehandelten Zitrone
Fett zum Ausstreichen und Weizenvollkornmehl zum Ausstreuen
    der 30 cm langen Kastenform.

In einer Schüssel das Fett mit dem Zucker, dem Vanillezucker, dem Salz und den Eiern schaumig rühren.

Das Mehl mit dem Backpulver mischen und abwechselnd mit der Milch hinzufügen.

Zuletzt den Anis und die abgeriebene Zitronenschale hineingeben. Den Teig in die gefettete und mit Mehl ausgestreute Kastenform füllen. In den kalten Backofen des E-Herdes auf die 2. Schiene von unten einschieben und bei 200° C etwa 50 Minuten backen (Heißluftherd 160° C, Gasherd Stufe 4).

Den fertig gebackenen Kuchen in der Form auskühlen lassen, vorsichtig die Ränder lösen und herausnehmen.

Vorbereitungszeit: 20 Minuten
Backzeit: etwa 50 Minuten bei 200° C

Tip:
Wenn der Kuchen nicht mehr ganz frisch sein sollte, kann er mit der Brotmaschine in Scheiben geschnitten und kurz getoastet werden. Eine ideale Beigabe zu Wein oder Tee.

Emilies Geburtstagskuchen

250 g Butter oder Margarine
250 g Zucker, alternativ 275 g Rohzucker
1/2 TL Salz
4 Eigelb
Saft und abgeriebene Schale von 1 unbehandelten Zitrone
500 g Weizenvollkornmehl – frisch, sehr fein gemahlen, oder
   300 g Weizenvollkornmehl, Type 1700 fein, und
   200 g Weizenmehl, Type 550
1 Päckchen Backpulver
100 g gemahlene Mandeln
Milch (Menge siehe Arbeitsablauf)
100 g Mokkabohnen
3 EL Rum
100 g Sultaninen
4 Eiweiß

1 Päckchen Vanillezucker
Fett zum Ausreiben und Vollkornmehl zum Ausstreuen
    der Napfkuchenform
Puderzucker zum Bestäuben

Das weiche Fett in eine Schüssel geben und abwechselnd den Zucker, das Salz und die 4 Eigelbe hinzufügen und dabei die Masse schaumig rühren.

Zitronensaft und -schale, das Mehl mit dem Backpulver gemischt und die Mandeln hinzufügen und alles gründlich rühren.

So viel Milch dazugeben, bis der Teig schwer reißend vom Löffel fällt.

Die Mokkabohnen und die in warmem Rum kurze Zeit eingeweichten Rosinen unter den Teig heben.

Das Eiweiß zusammen mit dem Vanillezucker steif schlagen und luftig unter den Teig ziehen (nicht rühren).

Eine große Napfkuchenform gut einfetten und mit Weizenvollkornmehl ausstreuen. Dann den Teig hineinfüllen.

Die Form in den kalten Backofen des E-Herdes auf die untere Schiene stellen und den Kuchen bei 180–200° C 60 Minuten backen (Heißluftherd 160° C, Gasherd Stufe 4).

Den fertigen Kuchen in der Form 10 Minuten auskühlen lassen. Dann den Rand vorsichtig lösen und den Kuchen auf einen Gitterrost stürzen.

Wenn der Kuchen erkaltet ist, mit Puderzucker appetitlich überstäuben.

Vorbereitungszeit: etwa 30 Minuten
Backzeit: 60 Minuten bei 180–200° C

Haselnußkranz

250 g Sahnequark
6 EL Speiseöl, kalt gepreßt
1 Ei
75 g Zucker

1 Päckchen Vanillezucker
1 Prise Salz
300 g Weizenvollkornmehl – frisch, fein gemahlen, <u>oder</u>
   100 g Weizenvollkornmehl, Type 1700 fein, und
   200 g Weizenmehl, Type 505
1 Päckchen Backpulver
Weizenvollkornmehl zum Ausrollen
Zur Füllung: 300 g gemahlene Haselnußkerne
           6 EL Honig
           2 geriebene bittere Mandeln
           (notfalls auch 4 Tropfen Bittermandelaroma bzw. -öl)
           1 Eigelb
           2 Eiweiß
Backpapier oder Fett zum Ausstreichen des Backblechs
Zum Bestreichen: 1 Eigelb
              1 EL Milch

Den Quark in einer Schüssel mit dem Öl, dem Ei, dem Zucker, dem Vanillezucker und dem Salz verrühren.

Das Weizenvollkornmehl und das Backpulver vermischen und zuerst langsam eßlöffelweise unterrühren und danach den Rest unterkneten. Der Teig muß weich und elastisch werden und darf nicht kleben.

Für die Füllung die gemahlenen Haselnußkerne mit Honig, die Bittermandeln, das Eigelb und Eiweiß verrühren. Falls die Masse nicht geschmeidig genug ist, mit ein wenig Wasser verdünnen.

Den Teig auf einer bemehlten Arbeitsplatte zu einem Rechteck von etwa 35 × 45 cm ausrollen und gleichmäßig mit der Füllung bestreichen.

Dann von der längeren Seite her den Teig aufrollen und zu einem Kranz formen, so daß die Enden miteinander verbunden werden. Den Kranz auf ein mit Backpapier belegtes oder gut eingefettetes Backblech legen.

Das Eigelb und die Milch verrühren und den Kranz damit gleichmäßig bestreichen. Die Kranzoberfläche in gleichmäßigen Abständen 1/2 cm tief sternförmig mit einem Messer einschneiden.

Den Backofen auf 200° C vorheizen und den Kuchen auf der

mittleren Schiene 30–40 Minuten goldbraun backen (Heißluft-herd 160° C, Gasherd Stufe 4).
Den fertig gebackenen Kranz auf einem Gitterrost auskühlen lassen.

Vorbereitungszeit: etwa 30 Minuten
Backzeit: etwa 30–40 Minuten bei 200° C

Gefüllter Kokosring

250 g Weizenvollkornmehl – frisch, fein gemahlen, <u>oder</u>
   150 g Weizenvollkornmehl, Type 1700 fein, und
   100 g Weizenmehl, Type 1050
200 g Kokosraspeln
200 g Butter oder Margarine
175 g Zucker
1 Päckchen Vanillezucker
4 Eier
4 EL geriebene Schokolade
1/2 Päckchen Backpulver
Fett zum Ausstreichen einer Kranzkuchenform, ca. 26 cm Durchmesser
Für die Cremefüllung: 1/2 l Milch
                           1 Päckchen Vanillepuddingpulver
                           100 g Zucker
                           1 Prise Salz
                           150 g Butter
                           50 g Palmin

Die Kokosraspeln ohne Fett in einer Pfanne goldgelb rösten und abkühlen lassen. Mit einem Mixer fein mahlen.
In eine Schüssel das weiche Fett geben und mit dem Zucker, dem Vanillezucker sowie den Eiern (mit einem Handrührgerät) schau-mig rühren.
Die geriebene Schokolade, das Mehl und das Backpulver der schaumigen Masse zufügen und alles gut miteinander vermischen.
Das Ganze in eine gefettete Kranzkuchenform füllen und auf der

2. Schiene von unten in den auf 180° C vorgeheizten Backofen des E-Herdes schieben und etwa 55 Minuten backen (Heißluftherd 150° C, Gasherd Stufe 3).

Den Kuchen 10 Minuten in der Form stehen lassen, vorsichtig daraus lösen, auf einen Gitterrost stürzen und auskühlen lassen. Dabei mit einem feuchten Tuch bedecken.

Inzwischen die Creme für die Füllung bereiten. In 1/2 Tasse Milch das Puddingpulver anrühren. Den Rest Milch mit dem Zucker und dem Salz aufkochen. Den Topf vom Feuer nehmen und das angerührte Puddingpulver hineinrühren. Den Pudding unter Rühren nochmals aufkochen und dann abkühlen lassen. Damit sich auf ihm keine Haut bildet, mehrfach umrühren.

Die Butter in eine Schüssel geben und schaumig rühren. Das Palmin zerlassen und nach dem Abkühlen tropfenweise unter die Butter mischen.

Ist der Pudding erkaltet, mit dem Fett vermischen, wobei beide die gleiche Küchentemperatur haben müssen, damit die Creme nicht gerinnt. Die Puddingmasse eßlöffelweise unter Rühren zum Fett geben.

Den gebackenen Ring 2mal waagerecht durchschneiden und mit der Buttercreme füllen, von der etwa 4 Eßlöffel zurückbleiben. Diese in einen Spritzbeutel füllen und die Oberfläche damit verzieren, sobald die Kokosringe aufeinandergesetzt sind.

Vorbereitungszeit: etwa 60 Minuten
Backzeit: etwa 55 Minuten bei 180° C

Tip:
Wer mit Vollkornmehl noch keine Erfahrung hat, sollte den fertig gebackenen Ring 24 Stunden stehen lassen und erst am folgenden Tag aufschneiden und füllen, damit die Masse nicht zerbröckelt.

Ebenso sollte der gefüllte Ring nochmals 1 Tag stehen, bevor er angeschnitten wird, damit er gut durchzieht. Das heißt: Backen 2 Tage vor dem Servieren und Verzehren! Übrigens schmeckt der Ring auch ohne Füllung!

Gefüllter Hirsekuchen

1 Paket Hirseflocken (400 g)
125 g Zucker
1/2 TL Salz
550 ml (reichlich 1/2 l) Milch
50 g Butter oder Margarine
4 Eigelb
3/4 Päckchen Backpulver
abgeriebene Schale von 1 unbehandelten Zitrone
Saft von 1/2 Zitrone
4 Eiweiß
1 Päckchen Vanillezucker
1 EL Zucker
Fett zum Ausstreichen einer Springform (26 cm Durchmesser)
Zur Füllung: 1/2 Päckchen Vanillepuddingpulver
           1/4 l Milch
           50 g Zucker
           1 Päckchen Vanillezucker
           1 Prise Salz
           75 g Butter
           200 g Preiselbeerkonfitüre
Zum Guß: 300 g Vollmilchkuvertüre
         100 g geblätterte Mandeln

Die Hirseflocken in einer Schüssel mit dem Zucker, dem Salz und
400 ml (reichlich 3/8 l) Milch gut verrühren und 30 Minuten
quellen lassen.

Das Fett in einer 2. Schüssel mit den Eigelben schaumig rühren,
den Rest Milch, das Backpulver, die abgeriebene Zitronenschale
und den Zitronensaft hinzufügen und alles gut vermischen. Dann
unter die Hirseflockenmasse heben.

Die Eiweiße mit dem Vanillezucker und dem Zucker sehr steif
schlagen und ebenfalls unter die Hirseflockenmasse ziehen.

Den flüssigen Teig in eine vorbereitete Springform füllen und in
den auf 200° C vorgeheizten Backofen des E-Herdes auf die unterste Schiene schieben (Heißluftherd 160° C, Gasherd Stufe 4).

In 40 Minuten goldgelb backen und den Boden in der Springform abkühlen lassen.

Für die Füllung das Puddingpulver in 4 Eßlöffel kalter Milch anrühren. Die restliche Milch mit dem Zucker, dem Vanillezucker und dem Salz aufkochen.

Das vorbereitete Puddingpulver unter Rühren dazugießen, kurz aufkochen und unter mehrfachem Rühren, damit sich keine Haut bildet, erkalten lassen.

Das weiche Fett unter den abgekühlten Pudding geben und alles kräftig schlagen.

Für die Garnitur die Mandelblättchen ohne Fett in einer Pfanne goldgelb rösten und kalt stellen.

Den fertig gebackenen Boden auf eine Kuchenplatte legen (möglichst 1 Tag später!) und in der Mitte waagerecht durchschneiden.

Den unteren Boden mit der glattgerührten Preiselbeerkonfitüre bestreichen und die Creme darüber verteilen. Dann die obere Platte darauf legen.

Die Kuvertüre im Wasserbad (oder Simmertopf) flüssig machen und den Kuchen damit gleichmäßig überziehen.

Vorbereitungszeit: etwa 50 Minuten und 30 Minuten
                        Ruhezeit
Backzeit: 40 Minuten bei 200° C

Tip:
Auch hier gilt die Regel, daß das Aufschneiden und Füllen besser erst am Tag nach dem Backen erfolgt und daß es dem ausgeglichenen Geschmack dient, das Gebäck erst 1 Tag später zu servieren und anzuschneiden.

Buchteln

500 g Weizenvollkornmehl – frisch, fein gemahlen, <u>oder</u>
*   300 g Weizenvollkornmehl, Type 1700 fein, und*
*   200 g Weizenmehl, Type 550*

1 TL Salz
abgeriebene Schale von 1 unbehandelten Zitrone
1 Päckchen Frischhefe
50 g Zucker
1/8 l Milch
2 Eier
40 g Butter oder Margarine
Weizenvollkornmehl zum Kneten
100 g Butter
2 EL Zucker

Das Mehl, das Salz und die abgeriebene Zitronenschale in einer
Schüssel mischen. In die Mitte eine Mulde drücken.

Die Hefe und den Zucker in der handwarmen Milch auflösen.

Die verquirlten Eier und das weiche Fett in Flocken auf dem
Mehlrand verteilen.

Die Hefemilch in die Mulde gießen und alles von der Mitte aus zu
einem elastischen Teig verkneten, der nicht mehr klebt.

Den Teig zu einem Ball formen, in eine bemehlte Schüssel legen
und in einen Plastikbeutel schieben. In der warmen Küche oder im
temperierten Backofen (35° C) 60 Minuten aufgehen lassen, bis
sich sein Umfang verdoppelt hat.

Die Butter zerlassen. Die Hälfte davon in die Vertiefungen einer
Buchtelform gießen und jeweils Teigkugeln von etwa 50 g hineinsetzen.

Die Form in einen Plastikbeutel schieben und den Teig 15 Minuten aufgehen lassen.

Die Oberfläche dann mit Zucker bestreuen und mit dem Rest der
Butter betropfen.

Das Ganze in den auf 200° C vorgeheizten Backofen des E-Herdes
auf die 2. Schiene von unten schieben und etwa 30 Minuten
backen (Heißluftherd 160° C, Gasherd Stufe 4).

Vorbereitungszeit:	etwa 20 Minuten
Gärzeit:	75 Minuten
Backzeit:	etwa 30 Minuten bei 200° C

Tip:

Buchteln werden warm mit einer heißen oder auch kalten Vanillesoße serviert. Sie können ein Dessert sein, aber auch als süße Hauptmahlzeit gegessen werden.

Es ist auch möglich, die Buchteln mit ausgesteinten Backpflaumen oder getrockneten Aprikosen zu füllen. Dafür das Backobst vorher in Apfelsaft einweichen und abtropfen lassen. In jedes Teigstück wird dann, bevor es in die gebutterte Form gesetzt wird, eine Backpflaume oder Aprikose gedrückt.

Blechkuchen sind immer beliebt

Auch wenn man heute nicht mehr – wie früher lange Zeit – das Blech mit dem vorbereiteten Kuchen zum Bäcker bringt und dort im gleichmäßig heißen Ofen backen läßt, haben Blechkuchen auch aus dem häuslichen Backofen nichts von ihrer Beliebtheit eingebüßt.

Wer zum Backen kein Backblech aus Weiß- oder Schwarzblech, sondern ein Emailblech verwendet, kann den Kuchen darauf auskühlen lassen und gleich von diesem Blech die Stücke abschneiden. Das ist praktisch und bequem.

Achten Sie darauf, das Backblech mit Butter oder Margarine (nicht mit Öl!) gut einzufetten und dünn mit Mehl zu überstäuben. Noch praktischer aber ist die Verwendung von Backpapier, das – mit der Druckseite nach unten! – auf dem Blech ausgelegt wird.

Hefeblechkuchen (Grundrezept)

Die Teigmasse ist für ein Backblech von etwa 40 × 33 cm angegeben.

350 g Weizenvollkornmehl – frisch, fein ausgemahlen, oder
200 g Weizenvollkornmehl, Type 1700 fein, und
150 g Weizenmehl, Type 1050

1 Prise Salz
1 Beutel Trockenhefe oder 30 g Frischhefe (Päckchen = 42 g)
100 ml (¹/10 l) Milch
75 g Zucker
1 Päckchen Vanillezucker
abgeriebene Schale von 1 unbehandelten Zitrone
1 Ei
75 g Butter oder Margarine
Weizenvollkornmehl zum Ausrollen des Teigs
Backpapier oder Fett sowie Vollkornmehl zum
    Ausstreichen und Ausstreuen des Backblechs

Das Mehl und das Salz in eine Schüssel geben. Die Trockenhefe unter das Mehl mischen und die anderen Zutaten hinzufügen.
Bei Frischhefe einen Ansatz vorbereiten. Dazu die Hefe in eine Tasse bröckeln und mit der Hälfte der lauwarmen Milch und 1 Eßlöffel Zucker verrühren. In das Mehl eine Mulde drücken und den Hefeansatz hineingießen. Mit etwas Mehl zu einem Brei vermischen. Nun die Schüssel in einen Plastikbeutel schieben und den Teig in der warmen Küche oder im temperierten Backofen (35° C) in etwa 20 Minuten um das Doppelte aufgehen lassen. Für den Hauptteig die restliche lauwarme Milch, den Zucker, den Vanillezucker, die Zitronenschale und das verquirlte Ei dazufügen und zuletzt das warme Fett über den Mehlrand flocken.
Den Teig mit den Händen so lange kneten, bis er nicht mehr klebt, glatt und geschmeidig ist und Blasen wirft.
Den Teig zu einer Kugel formen, in eine bemehlte Schüssel legen und in einen Plastikbeutel schieben. Darin nochmals 30 Minuten aufgehen lassen, bis sich der Umfang des Teigs verdoppelt hat.
Den Teig auf einer bemehlten Arbeitsplatte oder auch auf dem eingefetteten oder mit Backpapier ausgelegten Backblech ausrollen und einen beliebigen Belag vorbereiten. In dieser Zeit kann der Teig auf dem Blech noch einmal aufgehen.

Vorbereitungszeit: etwa 20 Minuten
Gärzeit: 60 Minuten

Apfel-Streusel-Kuchen

Für den Teig: siehe vorhergehendes Grundrezept

Für die Füllung:	1,5 kg Äpfel
	3 EL Rum
	100 g Rosinen
Für die Streusel:	100 g Weizenmehl, Type 550
	100 g Weizenvollkornmehl, Type 1700,
	fein ausgemahlen
	150 g Zucker
	1 Päckchen Vanillezucker
	1 Prise Salz
	150 g flüssige, erkaltete Butter oder auch Margarine

Die Äpfel schälen, von Blüte, Stengel und Kerngehäuse befreien und in dünne Scheiben schneiden.

Den Rum leicht erwärmen. Die Rosinen damit übergießen und einige Minuten quellen lassen.

Die Äpfel mit den gequollenen Rosinen gleichmäßig auf den aufgegangenen Hefeteig verteilen.

Für die Streusel das Mehl, den Zucker, den Vanillezucker und das Salz mischen. Das noch flüssige Fett tropfenweise unter das Mehl mischen, so daß eine krümelige Masse entsteht, die gleichmäßig über die Apfelschicht gestreut wird.

Das Blech in den auf 200° C vorgeheizten Backofen des E-Herdes auf die 2. Schiene von unten schieben und den Kuchen etwa 45 Minuten backen (Heißluftherd 160° C, Gasherd Stufe 4).

Vorbereitungszeit:	etwa 40 Minuten
Gärzeit:	60 Minuten
Backzeit:	etwa 45 Minuten

Tip:
Geschmack und Duft werden noch verbessert, wenn den Streuseln 1 Teelöffel Zimt zugefügt wird.

Pflaumenkuchen

Für den Teig: Grundrezept auf Seite 94
Für den Belag: etwa 1,5–2 kg blaue Pflaumen oder Zwetschen
   etwa 100 g Zucker
   nach Geschmack: etwas Zimt

Den auf dem Blech aufgegangenen Teig gleichmäßig dicht mit den halbierten, entsteinten Pflaumen belegen, Haut nach unten.
Das Blech in den auf 200° C vorgeheizten Backofen des E-Herdes auf die 2. Schiene von oben schieben und den Kuchen etwa 45 Minuten backen (Heißluftherd 160° C, Gasherd Stufe 4).
Erst den fertig gebackenen Kuchen – je nach Säuregehalt der Pflaumen – mit dem Zucker bzw. Zucker und Zimt überstreuen.

Vorbereitungszeit:	etwa 35 Minuten
Gärzeit:	60 Minuten
Backzeit:	etwa 45 Minuten bei 200° C

Tip:
Anstatt mit Pflaumen kann der Kuchen auch mit entsteinten Sauerkirschen belegt werden.
Obstblechkuchen mit saftreichen Früchten werden zweckmäßigerweise in der Fettpfanne des Backofens gebacken, damit der Saft nicht vom Kuchenblech in den Ofen läuft.

Thüringer Obstkuchen

Für den Teig: Grundrezept auf Seite 94
Für den Belag: 1 kg beliebiges, in Zucker gedünstetes Obst
Für den Guß: 1/2 l Milch
   4 EL Zucker
   1 Prise Salz
   40 g Grieß
   4 EL süße Sahne

2 Eigelb
2 Eiweiß
1 Päckchen Vanillezucker

Der auf dem Blech aufgegangene Teig wird gleichmäßig mit den gut abgetropften Kompottfrüchten belegt.

Für den Guß die Milch mit dem Zucker und dem Salz aufkochen. Den Grieß hineinrühren, und auf ausgeschalteter Kochplatte ausquellen lassen.

Die Sahne und die Eigelbe verrühren und hineinrühren.

Die Eiweiße mit Vanillezucker zu steifem Schnee schlagen, unter die heiße Masse ziehen und diese gleichmäßig über die Früchte verteilen.

Den Kuchen in den auf 220° C vorgeheizten Backofen des E-Herdes auf die 2. Schiene von unten schieben und etwa 40 Minuten backen (Heißluftherd 180° C, Gasherd Stufe 5).

Vorbereitungszeit:	etwa 35 Minuten
Gärzeit:	60 Minuten
Backzeit:	etwa 40 Minuten bis 220° C

Tip:
Es ist ratsam, Obstkuchen mit saftreichen Früchten nicht auf dem Backblech, sondern in der Fettpfanne zu backen, damit der Saft nicht in den Backofen läuft.

Käse-(Quark-)Kuchen

Für den Teig: *Grundrezept auf Seite 94*
Für den Belag: *2 Eigelb*
250 g Zucker
1 EL Zitronensaft
abgeriebene Schale von 1/2 unbehandelten Zitrone
1 EL Speisestärke
1 kg Speisequark (Sahne)
4 EL Milch

                    1 Päckchen Vanillezucker
                    2 Eiweiß
    Zum Bestreichen: 1 Eigelb
                    2 EL Milch

Die Eigelbe in eine Schüssel geben, mit dem Zucker, dem Zitro-
nensaft und der Zitronenschale schaumig rühren.
Nach und nach die Speisestärke, den Quark und die Milch dazufü-
gen.
Zuletzt die mit Vanillezucker steif geschlagenen Eiweiße unter die
Masse heben.
Die Quarkmasse gleichmäßig auf den Teig streichen.
Das Eigelb und die Milch verquirlen und die Oberfläche des
Kuchens damit bepinseln.
Den Kuchen in den auf 200° C vorgeheizten Backofen des E-
Herdes auf die 2. Schiene von unten schieben und 40 Minuten
backen (Heißluftherd 160° C, Gasherd Stufe 4).

Vorbereitungszeit: etwa 35 Minuten
Gärzeit: etwa 55 Minuten
Backzeit: etwa 40 Minuten bei 200° C

Tip:
Der Quark kann durch Beigabe von 125 g Sultaninen noch
»interessanter« gemacht werden.

Bienenstich

  Für den Teig: Grundrezept auf Seite 94
  Für den Belag: 180 g gehackte Mandeln
                  180 g Butter (evtl. auch Margarine)
                  180 g Zucker
                  1 Päckchen Vanillezucker
                  1 TL Honig
                  1 EL Milch

Die Zutaten für den Belag in einen Topf geben und unter ständigem Rühren aufkochen. Etwas abkühlen lassen, damit die Masse nicht zu heiß auf den Hefeteig kommt.
Dann auf der aufgegangenen Hefeteigplatte gleichmäßig verteilen. Den Backofen des E-Herdes auf 220° C vorheizen, das Blech auf die 2. Schiene von oben schieben und den Bienenstich 25–30 Minuten backen. so daß die Oberfläche goldgelb ist (Heißluftherd 180° C, Gasherd Stufe 5).

Vorbereitungszeit:	etwa 30 Minuten
Gärzeit:	55 Minuten
Backzeit:	etwa 25–30 Minuten bei 220° C

Zwiebelkuchen

350 g Weizenvollkornmehl – frisch, fein gemahlen, oder
200 g Weizenvollkornmehl, Type 1700 fein, und
150 g Weizenmehl, Type 1050
1 TL Salz
1 Beutel Trockenhefe oder 30 g Frischhefe
100 ml ($1/10$ l) Milch
1 TL Zucker
1 Ei
75 g Butter oder Margarine
Weizenvollkornmehl zum Ausrollen des Teigs
Fett zum Ausstreichen des Backblechs
Für den Belag: 150 g kleingewürfelter Schinkenspeck
2,5 kg geschälte, kleingewürfelte Zwiebeln
$3/8$ l saure Sahne
6 Eier
Salz
gemahlener Kümmel
50 g Schweineschmalz

Den Teig nach dem Grundrezept, auf Seite 94, zubereiten.
Für den Belag den Speck in der Pfanne auslassen, die Zwiebelwürfel hineingeben, glasig dünsten und abkühlen lassen.

Die saure Sahne mit den Eiern verquirlen. Mit dem Salz und dem gemahlenen Kümmel würzig abschmecken. Mit der abgekühlten Zwiebelmasse vermischen.

Den aufgegangenen Hefeteig ausrollen und das eingefettete Back-blech damit auslegen, mit lauwarmem Schmalz bestreichen und die Zwiebelmasse gleichmäßig darauf verteilen.

Den Kuchen noch einmal 15 Minuten aufgehen lassen, dann das Blech in den auf 200° C vorgeheizten Backofen des E-Herdes auf die 2. Schiene von unten schieben und den Zwiebelkuchen etwa 45 Minuten backen (Heißluftherd 160° C, Gasherd Stufe 4).

Den goldbraun gebackenen Kuchen warm servieren.

Vorbereitungszeit:	etwa 60 Minuten
Gärzeit:	65 Minuten
Backzeit:	etwa 45 Minuten bei 200° C

Vollkorn und Obst – doppelt gesund

Apfelstrudel

300 g Weizenvollkornmehl – frisch, fein gemahlen, <u>oder</u>
    100 g Vollkornweizenmehl, Type 1700 fein, und
    200 g Weizenmehl, Type 1050
1/2 TL Salz
3 EL Speiseöl, kalt gepreßt
reichlich 1/8 l lauwarmes Wasser
Weizenvollkornmehl zum Ausrollen
Speiseöl zum Bestreichen des Teiges
Für die Füllung: 100 g Vollkornzwieback
               5 EL Butter oder Margarine
               100 g Zucker
               1,5 kg Äpfel
               3 EL Rum
               100 g Rosinen
               2 TL Zimt
               Puderzucker zum Bestreuen
               Fett zum Ausstreichen oder Backpapier zum Auslegen
               des Backblechs

Das Mehl und das Salz in einer Schüssel mischen. In die Mitte des Mehlhügels eine Mulde drücken, das Öl und das Wasser hineingeben und mit einem Löffel zu einem Teig verrühren.
Dann mit den Händen kräftig kneten, bis der Teig nicht mehr klebt, also geschmeidig und seidig glänzend ist.

Den Teig zu einer Kugel formen, in eine bemehlte Schüssel legen und die Oberfläche dünn mit Öl bestreichen.

Die Schüssel mit einem Tuch bedecken.

Den Backofen auf 50° C erhitzen, die Schüssel hineinschieben, den Backofen abschalten und den Teig 1 Stunde ruhen lassen.

Während dieser Zeit auf einem Küchentuch mit einem Rollholz die Zwiebäcke zu Bröseln zerdrücken. Mit 2 Eßlöffeln Butter und 2 Eßlöffeln Zucker in eine Pfanne geben und unter Rühren goldgelb rösten. Dann abkühlen lassen.

Die Äpfel schälen, das Kerngehäuse, Blüte und Stengel entfernen und die Äpfel in dünne Scheibchen schneiden.

Das Ausrollen und Ausziehen des Strudelteigs läßt sich am besten auf einem Tischtuch vornehmen. Das Tischtuch dazu auf eine Arbeitsplatte legen, mit Mehl bestreuen, den noch leicht warmen Teig, mit der geölten Seite nach oben, darauflegen und so dünn wie möglich rechteckig ausrollen. Er sollte etwa 1 m lang und 80 cm breit werden. Das wird durch das Ruhen des Teigs begünstigt, da er dabei elastisch wird.

Nun greift man mit beiden offenen, bemehlten Händen unter die Teigschicht, so daß die Handrücken zum Teig zeigen. Von der Mitte aus den Teig nach allen Seiten hauchdünn ausziehen, ohne daß er dabei reißen darf.

Ist das gelungen, den Teig mit 3 Eßlöffeln verflüssigtem Fett bepinseln und mit den Zwiebackbröseln bestreuen. Die Ränder dabei freilassen. Die Apfelscheiben gleichmäßig darauf verteilen, dazu die im erwärmten Rum eingeweichten Rosinen, den Zimt und den Rest Zucker geben.

Durch Anheben des Tischtuchs läßt sich der Teig mit seinem Belag aufrollen, so daß die beiden seitlichen Teigenden wie bei einem Päckchen zusammengeklappt werden können. Die Teigränder, die ja ohne Belag sind, mit Wasser befeuchten und leicht andrücken, damit der Strudel zusammenhält.

Vorsichtig den Strudel auf das vorbereitete Backblech legen, so daß die Stellen mit der Teignaht dem Blech zugewandt sind.

Das Blech in den auf 200° C vorgeheizten Backofen des E-Herdes auf die 2. Schiene von unten schieben und den Strudel etwa 50 Minuten backen (Heißluftherd 160° C, Gasherd Stufe 4).

Wenn der Strudel goldgelb gebacken ist, herausnehmen und mit Puderzucker bestreuen.

Vorbereitungszeit:	etwa 60 Minuten
Ruhezeit:	60 Minuten
Backzeit:	etwa 50 Minuten bei 200° C

Tip:
Der Strudel schmeckt warm oder kalt gleich gut und wird nach Belieben mit Vanille- oder Schokoladensoße gereicht. Die Zwiebackbrösel können durch geriebene Mandeln ersetzt werden.

Portwein-Apfel-Kuchen vom Melusinenhof

250 g Weizenvollkornmehl – frisch, fein gemahlen, oder
    125 g Weizenvollkornmehl, Type 1700 fein, und
    125 g Weizenmehl, Type 1050
75 g Zucker
1 Päckchen Vanillezucker
1 Prise Salz
1/2 Päckchen Backpulver
1 Ei
100 g Butter oder Margarine
Fett zum Ausreiben
Weizenvollkornmehl zum Ausstreuen der Springform
    (etwa 26 cm Durchmesser) und zum Ausrollen
Für die Füllung: 1 kg aromatische Äpfel
                125 g Rosinen
                100 g gehackte süße Mandeln
                1/4 l Portwein
                1 TL Mondamin
Für den Guß: 1/2 Eiweiß
            1 TL Zitronensaft
            3–4 EL Puderzucker

Das Mehl in eine Schüssel geben, mit dem Zucker, dem Vanille-zucker, dem Salz und dem Backpulver mischen. In die Mitte eine Vertiefung drücken. Das verquirlte Ei hineingeben und das Fett darüberflocken. Mit den Händen schnell zu einem glatten, ge-schmeidigen Teig kneten.

Den Teig in Folie wickeln und 1 Stunde im Kühlschrank ruhen lassen.

Inzwischen die Äpfel schälen, von Blüte, Stiel und Kerngehäuse befreien und in Scheiben schneiden. In einem Topf mit den Rosi-nen und gehackten Mandeln mischen.

1 Eßlöffel Portwein mit Mondamin verrühren.

Den Rest Portwein über die Äpfel gießen und aufkochen. Mit Mondamin andicken und abkühlen lassen.

Auf einer bemehlten Arbeitsplatte 2/3 des Teigs für den Boden des Kuchens ausrollen. Die Springform fetten und mit Vollkornmehl ausstreuen.

Den Boden der Springform mit dem Teig auslegen und den Rand 3 cm hochdrücken. Die Oberfläche mit der Gabel einstechen und die Füllung auf dem Teig verteilen.

Den Rest des Teigs dünn ausrollen, die Füllung damit bedecken und die Teigränder zusammendrücken.

Den Kuchen in dem auf 200° C vorgeheizten Backofen des E-Herdes auf der 2. Schiene von unten etwa 45 Minuten goldgelb backen (Heißluftherd 160° C, Gasherd Stufe 4).

Den Kuchen in der Form auskühlen lassen, dann vorsichtig aus der Springform lösen und auf eine Kuchenplatte legen.

Das Eiweiß mit dem Schaumbesen leicht schaumig schlagen und mit dem Zitronensaft und dem Puderzucker zu einer dicklichen Masse rühren. Die Oberfläche des Kuchens gleichmäßig damit bestreichen.

Vorbereitungszeit:	etwa 40 Minuten
Ruhezeit:	60 Minuten
Backzeit:	etwa 45 Minuten bei 200° C

Umgedrehter Kirschkuchen

100 g Butter oder Margarine
150 g Zucker
1 Päckchen Vanillezucker
1 Prise Salz
2 Eier
abgeriebene Schale von 1/2 Zitrone
200 g Weizenvollkornmehl – frisch, fein gemahlen, oder Type 1700 fein
1/2 Päckchen Backpulver
Pergamentpapier und Fett zum Ausstreichen der Springform
   (26 cm Durchmesser)
75 g halbe Walnußkerne
750 g entkernte Sauerkirschen
50 g kalifornische Weinbeeren (Reformhaus)
2 EL Rum
Zum Bestreuen: 30 g flüssig gemachte Butter
             Puderzucker

Für den Teig das Fett mit dem Zucker, dem Vanillezucker und dem Salz schaumig rühren. Nach und nach die Eier, die abgeriebene Zitronenschale und das mit dem Backpulver vermischte Weizenvollkornmehl hinzufügen.

Den Boden einer Springform mit Pergamentpapier auslegen und das Pergamentpapier sowie den Rand der Form mit Fett ausstreichen.

Als äußeren Rand einen Ring Walnüsse legen. Das Innere der Form mit Kirschen auslegen. Die in warmem Rum eingeweichten Rosinen darüberstreuen.

Über die Kirschen den Rührteig streichen und den Kuchen in den auf 200° C vorgeheizten Backofen des E-Herdes auf die 2. Schiene von unten schieben und eine knappe Stunde backen (Heißluftherd 160° C, Gasherd Stufe 4).

Den fertig gebackenen Kuchen in der Form 10 Minuten abkühlen lassen und dann vorsichtig den Springformrand lösen. Den Kuchen auf eine Platte stürzen.

Den Backformboden abheben und mit einem Messer vorsichtig das Pergamentpapier ablösen. Die Kirschen mit flüssigem Fett betropfen. Den erkalteten Kuchen mit Puderzucker überstäuben.

Vorbereitungszeit:	etwa 30 Minuten
Backzeit:	etwa 55 Minuten bei 200° C

Aprikosenkuchen

100 g Butter oder Margarine
75 g Zucker
1 Päckchen Vanillezucker
1 Prise Salz
2 Eier
abgeriebene Schale von 1 unbehandelten Zitrone
200 g Weizenvollkornmehl – frisch, fein gemahlen, oder
    100 g Weizenvollkornmehl, Type 1700 fein, und
    100 g Weizenmehl, Type 1050
1/2 Päckchen Backpulver
Fett zum Ausstreichen und Weizenvollkornmehl
    zum Ausstreuen einer Springform (24 cm Durchmesser)
Zur Füllung: 750 g frische Aprikosen
              3 EL Zucker
              50 g grob gehackte Mandeln

Das Fett mit dem Zucker, dem Vanillezucker und dem Salz erst schaumig und nach Beigabe der Eier cremig rühren. Die abgeriebene Zitronenschale und das mit Backpulver vermischte Mehl hinzufügen.

Den Teig in eine gefettete und mit Mehl ausgestreute Springform streichen.

Die Aprikosen waschen, halbieren, entkernen und die Oberfläche einritzen. Die Aprikosen nebeneinander leicht in den Teig drük-ken. Haut nach oben. Mit Zucker und Mandeln bestreuen und in den auf 200° C vorgeheizten Backofen des E-Herdes auf die unter-ste Schiene schieben (Heißluftherd 160° C, Gasherd Stufe 4). Etwa 50 Minuten backen.

Den fertigen Kuchen in der Form auskühlen lassen. Dann aus der Form vorsichtig lösen, auf eine Kuchenplatte legen und mit Puder-zucker bestäuben.

Vorbereitungszeit: etwa 30 Minuten
Backzeit: etwa 50 Minuten

Himbeer-Biskuit-Roulade

4 Eigelb
4 EL heißes Wasser
125 g Zucker
1 Prise Salz
4 Eiweiß
1 Päckchen Vanillezucker
150 g Weizenvollkornmehl – frisch, fein gemahlen, oder Type 1700 fein
1 TL Backpulver
Backpapier oder Fett zum Ausstreichen des Backblechs
Zur Füllung: 200 g Himbeeren, frisch oder tiefgefroren
               1/2 l süße Sahne
               100 g Puderzucker
               2 Päckchen Sahnesteif
Zum Bestreuen: Puderzucker

Für den Teig die Eigelbe mit heißem Wasser erst schaumig, dann mit 2/3 des Zuckers und dem Salz cremig rühren. Die Eiweiße mit dem Rest Zucker und dem Vanillezucker sehr steif schlagen und auf die Eimasse geben.

Das Weizenvollkornmehl mit dem Backpulver mischen, über das Eiweiß streuen und mit dem Schneebesen alles luftig unter die Eimasse heben.

Den Teig nun auf das mit Backpapier ausgelegte Backblech streichen und in den auf 200° C vorgeheizten Backofen des E-Herdes auf die 2. Schiene von unten schieben und etwa 20 Minuten backen (Heißluftherd 160° C, Gasherd Stufe 4).

Die fertig gebackene Teigplatte auf eine mit Alufolie bedeckte Arbeitsplatte stürzen. Das Backpapier abziehen und den Teig, mit einem feuchten Tuch bedeckt, abkühlen lassen.

In dieser Zeit die aufgetauten Himbeeren für die Füllung pürieren. Die Sahne mit dem Puderzucker steif schlagen, Sahnesteif und Himbeeren unterziehen.

Die Teigplatte gleichmäßig mit der Himbeersahne bestreichen und mit Hilfe der Alufolie aufrollen. Kalt stellen. Vor dem Servieren mit Puderzucker bestäuben.

Vorbereitungszeit:	etwa 30 Minuten
Backzeit:	etwa 20 Minuten

Pfirsichschnitten

200 g Butter oder Margarine
200 g Zucker
1 Päckchen Vanillezucker
1 Prise Salz
4 Eier
abgerieben Schale von 1 unbehandelten Zitrone
400 g Weizenvollkornmehl – frisch, fein gemahlen, oder
      200 g Weizenvollkornmehl, Type 1700 fein, und
      200 g Weizenmehl, Type 550
2 TL Backpulver
Fett zum Ausstreichen des Backblechs (40 × 33 cm)
Zum Belag: 10 Pfirsiche
Zum Guß: Saft von 1 Zitrone
            150 g Puderzucker

Das Fett in einer Schüssel mit dem Zucker, dem Vanillezucker und dem Salz schaumig rühren. Nach und nach die Eier und die abgeriebene Zitronenschale hinzufügen und zuletzt das mit Backpulver gemischte Mehl unterrühren.

Den Teig auf das gefettete Backblech streichen.

Die Pfirsiche mit kochendem Wasser überbrühen, 2 Minuten ziehen lassen, die Haut abziehen, die Steine entfernen und in dünne Scheiben schneiden. (Das kann auch vor der Teigbereitung geschehen.)

Den Teig auf dem Backblech gleichmäßig mit Pfirsichscheiben belegen und das Blech in den auf 200° C vorgeheizten Backofen des E-Herdes auf die 2. Schiene von oben schieben (Heißluftherd 160° C, Gasherd Stufe 3–4). Den Kuchen etwa 35 Minuten bakken.

Dann herausnehmen und den noch warmen Kuchen mit dem in Zitronensaft zu einem Brei verrührten Puderzucker bestreichen. Nach dem Erkalten in Stücke schneiden.

Vorbereitungszeit: etwa 25 Minuten
Backzeit: etw 35 Minuten

Quittenkuchen

300 g Weizenvollkornmehl – frisch, fein gemahlen, <u>oder</u>
  150 g Grahammehl, Type 1700 fein, und
  150 g Weizenmehl, Type 1050
1 Prise Salz
50 g Zucker
1/2 Päckchen Backpulver
100 g Butter oder Margarine
1/8 l Milch
Fett zum Ausstreichen und Weizenvollkornmehl zum
  Ausstreuen der Springform
Zum Belag: 1 kg Quitten
    1/4 l Wasser
    125 g Zucker

50 g gehackte Mandeln
250 g Äpfel
Zum Guß: Quittensaft
Saft von 1/2 Zitrone
1/2 Beutel Tortenguß klar

Das Mehl in eine Schüssel geben, mit dem Salz, dem Zucker und dem Backpulver mischen. Das Fett darüberflocken und die Milch dazugießen.

Mit dem Knethaken eines Rührgeräts oder dem Schneebesen gründlich verrühren.

Die Schüssel in einen Plastikbeutel schieben und 1 Stunde im Kühlschrank ruhen lassen.

Während dieser Zeit die Quitten schälen, von Blüte, Stiel und Kerngehäuse befreien und kleinschneiden. Mit Wasser und Zucker aufkochen, nach 2 Minuten auf ein Sieb schütten und abtropfen lassen.

Die Quitten pürieren, die Mandeln unterrühren und die Masse kalt stellen.

Den Teig in die Springform streichen und das abgekühlte Quittenmus darauf verteilen.

Die Äpfel schälen, Blüte, Stiel und Kerngehäuse entfernen. Gleichmäßig auf die Quittenoberfläche raffeln.

Die Springform in den auf 180° C vorgeheizten Backofen des E-Herdes auf die 2. Schiene von unten schieben und den Kuchen eine knappe Stunde backen (Heißluftherd 150° C, Gasherd Stufe 3).

Den fertig gebackenen Kuchen in der Form 5 Minuten abkühlen lassen und dann vorsichtig aus der Form lösen.

Den Quitten- und Zitronensaft – zusammen 1/16 l – mit dem Tortenguß in einem Topf verrühren und aufkochen. Dann über die Apfelschicht des Quittenkuchens verteilen.

Vorbereitungszeit:	etwa 60 Minuten
Ruhezeit:	60 Minuten
Backzeit:	55–60 Minuten bei 180° C

Tip:
Die Quitten können auch durch Birnen oder Äpfel ersetzt werden.

Vollkorn-Kleingebäck, das schmeckt

Zimt-Vollkornwaffeln

125 g Butter oder Margarine
125 g Zucker
1 Päckchen Vanillezucker
1 Prise Salz
3 Eier
300 g Weizenvollkornmehl – frisch, fein gemahlen, <u>oder</u>
   100 g Weizenvollkornmehl, Type 1700 fein, und
   200 g Weizenmehl, Type 1050
200 ml ($^1/_5$ l) Milch
abgeriebene Schale von 1 unbehandelten Zitrone
2 TL Zimt
2 EL Rum
evtl. Fett zum Ausreiben des Waffeleisens

Das Fett in einer Schüssel mit dem Zucker, dem Vanillezucker und dem Salz schaumig rühren. Nacheinander die Eier hinzufügen, abwechselnd Milch und Mehl unterrühren, bis der Teig leicht fließend ist.
Zum Quellen 30 Minuten zugedeckt stehen lassen. Dann die Gewürze unterziehen.
Das Waffeleisen erhitzen. Wenn nötig, Ober- und Unterseite mit Fett einreiben und jeweils etwa 2 Eßlöffel Teig hineingeben, zudecken und in 2 Minuten gelblich backen.

Die fertigen Waffeln einzeln auf einem Gitterrost abdampfen lassen. Die Waffeln dabei nicht aufeinanderlegen, weil sie dadurch pappig werden.

Vorbereitungszeit:	10 Minuten
Ruhezeit:	30 Minuten
Backzeit:	etwa 20 Minuten

Die Masse ergibt etwa 8 Waffeln.

Tip:
Die noch warmen Waffeln schmecken gut zu und mit Vanille- oder Schokoladeneis. Ebenso eignen sich Erdbeeren, Kiwischeiben und andere frische Früchte mit Schlagsahne als Beilage.
Andere Möglichkeiten: Die Waffeln mit Zucker und Zimt bestreuen, mit Marmelade bestreichen, mit dicker Vanille- oder Schokoladensoße genießen.

Picknickwaffeln mit Käse

150 g Weizenvollkornmehl – frisch, fein gemahlen, oder Type 1700 fein
1/8 l süße Sahne
6 Eigelb
150 g Butter oder Margarine
6 Eiweiß
1 Prise Salz
wahlweise Schnittkäse oder Erdnußmus

Das Weizenvollkornmehl mit der Sahne und den Eigelben verrühren.
Die Butter bzw. Margarine schmelzen lassen und abgekühlt, aber noch flüssig unter das Mehl mischen.
Die Eiweiße mit Salz sehr steif schlagen, unter den Teig heben und den Teig zugedeckt 30 Minuten ruhen lassen.

Jeweils 2 Eßlöffel Teig auf das ungefettete heiße Waffeleisen geben, zudecken und in 2 Minuten gelb backen. Jede Waffel einzeln auf einem Gitterrost abdampfen lassen.

Die abgekühlten Waffeln mit Butter bestreichen, eine Hälfte mit einer Scheibe Schnittkäse belegen und die andere Hälfte darüber decken, so daß man die Waffel wie ein Sandwich essen kann.

Vorbereitungszeit:	etwa 10 Minuten
Ruhezeit:	30 Minuten
Backzeit:	etwa 15–20 Minuten

Die Masse ergibt 8 Waffeln.

Tip:
Statt Käse kommt auch Erdnußmus als schmackhafter, würziger Belag in Frage.

Schwarz-weiße Kränzchen

450 g Weizenvollkornmehl – frisch, fein gemahlen, <u>oder</u>
   200 g Weizenvollkornmehl, Type 1700 fein, und
   250 g Weizenmehl, Type 1050
250 g Butter oder Margarine
150 g Puderzucker
1 Päckchen Vanillezucker
1 Prise Salz
4 EL Wasser
1 EL Kakao
abgeriebene Schale von 1/2 unbehandelten Zitrone
Zum Bestreichen: 1 Eigelb
                     1 EL Milch
Zum Bestreuen: Hagelzucker

Das Fett, den Puderzucker, den Vanillezucker, das Salz, das Mehl und das Wasser in eine Schüssel geben und mit dem Knethaken eines Rührgeräts oder der Küchenmaschine zu einem geschmeidigen Teig rühren. Mit den Händen zusammenkneten und in 2 gleich große Stücke teilen.

Einen Teil mit dem Kakao verkneten. Den anderen Teil mit der abgeriebenen Zitronenschale aromatisieren.

Jeden der beiden Teige – hell und dunkel – zu einer Rolle von etwa 5 cm Durchmesser formen und beide Rollen zugedeckt 1 Stunde kühl stellen.

Danach die Teige in bleistiftdicke Röllchen formen.

Das geht am besten so: Von den jeweiligen Rollen feine Scheiben abschneiden, zu Kugeln drehen und auf einer bemehlten Unterlage davon etwa 10 cm lange Röllchen – bleistiftdick! – rollen.

Je 1 helles und 1 dunkles Röllchen werden spiralartig umeinander geschlungen und zu einem Kränzchen gebogen. Die Enden werden, passend in den Farben, zusammengedrückt.

Die Kränzchen vorsichtig auf ein vorbereitetes Backblech legen.

Das Eigelb und die Milch verquirlen. Die Oberfläche der Kränzchen damit bestreichen und Hagelzucker daraufstreuen.

Das Blech in den auf 200° C vorgeheizten Backofen des E-Herdes auf die 2. Schiene von oben schieben und die Kränzchen etwa 15 Minuten backen (Heißluftherd 160° C, Gasherd Stufe 3–4).

Vorbereitungszeit:	etwa 35 Minuten
Backzeit:	etwa 15 Minuten bei 200° C

Die Masse ergibt 30–35 Waffeln.

Hafermürbeplätzchen

230 g Butter oder Margarine
175 g Puderzucker
1 Päckchen Vanillezucker
1 kleines Ei
30 g Milchpulver (Nestle)
1/2 TL Salz
abgeriebene Schale von 1 unbehandelten Zitrone

500 g Hafermehl – frisch, fein ausgemahlen
Zum Bestreichen: 2 Eigelb
Zum Einrollen: zarte Haferflocken, Kokosraspeln, gehackte Mandeln oder
*   Nüsse*

Das Fett in eine Schüssel geben und mit dem Puderzucker, dem Vanillezucker und dem Ei mit einem Rührgerät etwa 5 Minuten schaumig rühren.

Das Milchpulver, das Salz und die Zitronenschale dazufügen und nach und nach langsam das Mehl untermischen und kneten, bis sich der Teig vom Schüsselrand löst.

Den Teig in Stücke aufteilen und jeweils 30 cm lange Rollen, Durchmesser etwa 3 cm, davon formen. Die Eigelbe verquirlen, die Rollen rundherum damit bestreichen und in Haferflocken, Kokosraspeln, gehackten Mandeln oder Nüssen rollen. Zudecken und über Nacht kühl stellen.

Am nächsten Tag mit einem scharfen Messer Scheiben von etwa 5 mm Dicke abschneiden, auf ein ungefettetes Backblech setzen und in dem auf 200° C vorgeheizten Backofen des E-Herdes auf der 2. Schiene von oben etwa 15 Minuten backen (Heißluftherd 160° C, Gasherd Stufe 4).

Die fertig gebackenen Plätzchen auf dem Gitterrost auskühlen lassen.

Vorbereitungszeit:	etwa 30 Minuten
Backzeit je Blech:	etwa 15 Minuten bei 200° C

Die Masse ergibt insgesamt 50–60 Stück.

Kokosplätzchen

200 g Kokosraspeln
200 g Butter oder Margarine
200 g Zucker
1 Päckchen Vanillezucker
1 Prise Salz

4 Eiweiß
1 EL Zitronensaft
abgeriebene Schale von 1 unbehandelten Orange
200 g Weizenvollkornmehl – frisch, fein gemahlen, <u>oder</u>
  100 g Weizenvollkornmehl, Type 1700 fein, und
  100 g Weizenmehl, Type 1050
1 TL Backpulver
Backpapier oder Fett zum Ausstreichen des Backblechs

Die Kokosraspeln in einer Pfanne unter Rühren ohne Fett leicht anrösten, ohne daß sie sich dunkel färben. Abkühlen lassen.

In einer Schüssel das Fett, den Zucker, den Vanillezucker und das Salz schaumig rühren. Die Eiweiße dazufügen und weiter dickschaumig rühren.

Den Zitronensaft, die abgeriebene Orangenschale, die erkalteten Kokosraspeln und das mit Backpulver vermischte Mehl hineingeben und zu einem Teig vermengen.

Mit 2 Teelöffeln kleine Häufchen in Abständen auf ein vorbereitetes Backblech setzen, da sie etwas auseinanderlaufen.

Den Backofen des E-Herdes auf 200° C vorheizen, das Backblech auf die 2. Schiene von oben schieben und die Plätzchen 10–15 Minuten backen (Heißluftherd 160° C, Gasherd Stufe 3–4).

Die hellgelben Plätzchen auf dem Blech etwas abkühlen lassen, so daß sie fest werden. Dann zum Erkalten auf einen Gitterrost legen.

Vorbereitungszeit: etwa 20 Minuten
Backzeit je Blech: 10–15 Minuten bei 200° C

Die Masse ergibt ungefähr 40 Stück.

Ingwerplätzchen

150 g Butter oder Margarine
180 g Zucker
2 Eigelb
1 Ei

300 g Weizenvollkornmehl – frisch, fein ausgemahlen, <u>oder</u>
  200 g Weizenvollkornmehl, Type 1700 fein, und
  100 g Weizenmehl, Type 550
100 g kandierter Ingwer
Backpapier oder Fett zum Ausstreichen des Backblechs

Das Fett in einer Schüssel mit dem Zucker und den verquirlten Eiern mit einem Rührgerät 5 Minuten schaumig rühren. Nach und nach das Mehl und zuletzt den feingewürfelten Ingwer hinzufügen. Mit 2 Teelöffeln kleine Häufchen auf ein vorbereitetes Backblech setzen, nicht zu dicht nebeneinander.
Das Blech in den auf 200° C vorgeheizten Backofen des E-Herdes auf die 2. Schiene von oben schieben und die Plätzchen in 15–20 Minuten backen (Heißluftherd 160 Grad, Gasherd Stufe 4).
Die fertig gebackenen Plätzchen auf den Gitterrost legen und auskühlen lassen.

Vorbereitungszeit: etwa 20 Minuten
Backzeit je Blech: etwa 15–20 Minuten bei 200° C

Die Masse ergibt ungefähr 40 Stück.

Rosinenbatzen

  150 g Butter
  150 g Zucker
  2 Päckchen Vanillezucker
  abgeriebene Schale von 1 unbehandelten Zitrone
  2 Eier
  300 g Weizenvollkornmehl, frisch fein gemahlen, <u>oder</u>
    200 g Weizenvollkornmehl, Type 1700 fein, und
    100 g Weizenmehl Type 1050
  1/2 Päckchen Backpulver
  200 g Rosinen
  50 g feingewürfeltes Orangeat
  Backpapier oder Fett zum Ausstreichen des Backblechs

Die Butter in einer Kasserolle schmelzen, leicht bräunen und abkühlen lassen. In eine Schüssel geben, mit dem Zucker, dem Vanillezucker, der Zitronenschale und den Eiern schaumig rühren.

Das mit dem Backpulver vermischte Mehl dazufügen und zuletzt Rosinen und Orangeat untermischen.

1 Stunde kühl stellen.

Mit 2 Teelöffeln Häufchen auf ein vorbereitetes Backblech – nicht zu dicht nebeneinander – setzen.

Das Backblech in den auf 200° C vorgeheizten Backofen des E-Herdes auf die 2. Schiene von oben schieben und die Batzen in 15 Minuten backen (Heißluftherd 160° C, Gasherd Stufe 4).

Die fertigen Rosinenbatzen auf dem Gitterrost auskühlen lassen.

Vorbereitungszeit: etwa 25 Minuten
Backzeit je Blech: etwa 15 Minuten bei 200° C

Die Masse ergibt etwa 40 Stück.

Aus Vollkornmehl für Weihnachten backen

Gretchens Weihnachtsstollen nach Dresdener Art

200 g Sultaninen
200 g Korinthen
$1/8$ l Rum
500 g Weizenvollkornmehl – frisch, sehr fein gemahlen, <u>oder</u>
   300 g Weizenvollkornmehl, Type 1700 fein, und
   200 g Weizenmehl, Type 550
1 Päckchen frische Hefe
knapp $1/8$ l Milch oder Sahne
125 g Zucker
1 Päckchen Vanillezucker
$1/2$ TL Salz
abgeriebene Schale von $1/2$ unbehandelten Zitrone
1 TL Zimt
1 Messerspitze geriebene Muskatnuß
175 g Butterschmalz
100 g Zitronat
40 g Orangeat
80 g gehackte süße Mandeln
3 geriebene bittere Mandeln
50 g Butter zum Bestreichen
Zucker und Puderzucker zum Bestreuen
Weizenvollkornmehl zum Kneten
Backpapier oder Fett zum Ausstreichen des Backblechs

Die Sultaninen und die Korinthen in einer Schüssel mischen, mit dem erwärmten Rum übergießen und mehrere Stunden lang zugedeckt quellen lassen.

Das Mehl in eine Schüssel geben. In die Mitte eine Mulde drücken. Die Hefe in 50 ml (1/20 l) handwarmer Milch mit 1 Teelöffel Zucker auflösen. In die Mulde gießen und mit wenig Mehl zu einem Brei verrühren.

Die Schüssel in einen Plastikbeutel schieben, in der warmen Küche oder im temperierten Backofen (35° C) 20 Minuten aufgehen lassen, bis der Hefebrei Blasen zeigt.

Den Ansatz mit Mehl bedecken, den Zucker, den Vanillezucker, die Zitronenschale, den Zimt und die Muskatnuß dazugeben, dann das küchenwarme Butterschmalz darüberflocken und die restliche warme Milch hineingießen. Alles gut miteinander verrühren, bis sich der Teig von der Schüssel löst.

Den Teig dann 10 Minuten mit den Händen durchkneten, bis er nicht mehr klebt und seidig glatt ist.

Das Zitronat, das Orangeat, die Mandeln und die im Rum gequollenen Sultaninen und Korinthen dazugeben und den Teig nochmals so lange kneten, bis die Trockenfrüchte gleichmäßig im Teig verteilt sind.

Den Teig zu einem Ball formen, in eine bemehlte Schüssel legen, in einen Plastikbeutel schieben und mindestens 60 Minuten an einem warmen Platz aufgehen lassen, bis sich sein Umfang verdoppelt hat.

Den Teig noch einmal durchkneten und auf einer bemehlten Arbeitsplatte oval ausrollen. Die beiden äußeren langen Seiten nach innen schlagen, so daß in der Mitte eine Rinne entsteht.

Den Teig auf das vorbereitete Backblech legen, mit einer Folie oder einem feuchten Tuch bedecken und 60 Minuten aufgehen lassen.

Den Backofen auf 200° C vorheizen, das Blech mit dem Stollen auf die 2. Schiene von unten schieben und den Stollen etwa 55 Minuten backen (Heißluftherd 160° C, Gasherd Stufe 4).

Den fertig gebackenen Stollen vorsichtig auf einen Gitterrost legen, die Oberfläche noch heiß mit 30 g flüssiger Butter gleichmäßig bestreichen und sofort mit Zucker bestreuen.

Nach 10 Minuten den Zucker mit dem Rest flüssiger Butter betropfen und erneut mit Zucker bestreuen. Den ausgekühlten Stollen mit einer dicken Schicht Puderzucker bestreuen, am besten durch ein Sieb.

Vorbereitungszeit:	etwa 50 Minuten
Gärzeit:	140 Minuten
Backzeit:	etwa 55 Minuten bei 200° C

Tip:
Der Stollen muß mindestens 4 Wochen vor Weihnachten gebacken und dann in einem luftdicht verschlossenen Plastikbeutel kühl aufbewahrt werden.
Er wird von Woche zu Woche besser, so daß er auch schon früh im November gebacken und bis zum Winterende hin gegessen werden kann.

Honigkuchen auf dem Blech

375 g Bienenhonig
100 ml Speiseöl, kalt gepreßt
200 g Zucker
1 Päckchen Vanillezucker
250 g Weizenvollkornmehl – frisch, fein gemahlen, oder Type 1700 fein
250 g Weizenmehl, Type 1050
1 Päckchen Backpulver
2 TL gemahlener Zimt
1/2 TL Salz
1 Prise gemahlene Nelken
1 Prise gemahlene Muskatblüte
abgeriebene Schale von 1 unbehandelten Zitrone und Orange
200 g gemahlene Mandeln
100 g feingehacktes Zitronat
100 g feingehacktes Orangeat
2 Eier

Fett zum Ausstreichen des Backblechs (40 × 33 cm)
Milch zum Bestreichen
Für den Belag: 100 g abgezogene ganze Mandeln
100 g Belegkirschen

Den Honig, das Öl, den Zucker und den Vanillezucker in einen Topf geben, unter Rühren aufkochen und abkühlen lassen.

Das Mehl in einer Schüssel mit dem Backpulver, den Gewürzen, den Mandeln, dem Zitronat und Orangeat mischen. Eier und Honigmasse hinzufügen und alles mit dem Knethaken eines Rührgeräts gut verkneten.

Die Schüssel mit dem Teig in einen Plastikbeutel schieben und mindestens 1 Stunde kalt stellen.

Mit bemehlten Händen den Teig danach auf ein gefettetes Backblech drücken. Die Oberfläche glattstreichen, mit Milch bepinseln und in Quadrate von je 6 × 6 cm einteilen, indem der Teig mit einem scharfen Messer leicht eingeritzt wird.

Jedes Quadrat mit Mandeln und Belegkirschen verzieren.

Den Honigkuchen in den auf 200° C vorgeheizten Backofen des E-Herdes auf die 2. Schiene von unten schieben und etwa 45 Minuten backen (Heißluftherd 160° C, Gasherd Stufe 4).

Den fertig gebackenen Honigkuchen mit einem feuchten Tuch bedecken und abkühlen lassen. Dann in Quadrate schneiden und vom Blech nehmen.

Vorbereitungszeit: etwa 25 Minuten
Backzeit: etwa 45 Minuten bei 200° C

Feiner Honigkuchen

200 g Bienenhonig
4 Eigelb
50 g geriebene Haselnüsse
abgeriebene Schale von 1 unbehandelten Zitrone
1/2 TL Zimt
1 Messerspitze Muskatblüte

1 Prise Salz
200 g Weizenvollkornmehl – frisch, fein gemahlen, oder Type 1700 fein
1 TL Backpulver
4 Eiweiß
1 Päckchen Vanillezucker
Fett zum Ausstreichen und Weizenvollkornmehl
   zum Ausstreuen einer Springform
Zum Bestreuen: 30 g Haselnüsse in Scheibchen

Den Honig und die Eigelbe in einer Schüssel schaumig rühren. Die geriebenen Haselnüsse, die Gewürze und das mit Backpulver vermischte Mehl dazufügen und alles gut vermischen.
Die Eiweiße mit Vanillezucker steif schlagen und mit einem Schneebesen unter die Honigmasse heben.
Den Teig in eine vorbereitete Springform streichen und mit Haselnußscheibchen gleichmäßig bestreuen.
In den kalten Backofen des E-Herdes schieben und bei 200° C goldbraun backen (Heißluftherd 160° C, Gasherd Stufe 4).
Den fertigen Honigkuchen in der Springform auskühlen lassen.

Vorbereitungszeit: 15–20 Minuten
Backzeit: etwa 40 Minuten bei 200° C

Lebkuchenbrot

175 g Roggenvollkornmehl – frisch, fein gemahlen, oder Type 1800
175 g Weizenvollkornmehl – frisch, fein gemahlen, oder Type 1700 fein
250 g Bienenhonig
125 g Zucker
1 Prise Salz
1/8 l Milch
1 TL Zimt
1 Messerspitze gemahlene Nelken
1 Messerspitze Kardamom
50 g feingewürfeltes Zitronat
50 g geriebene Mandeln oder Nüsse

1 Päckchen Backpulver
Fett zum Ausstreichen und Weizenvollkornmehl
zum Ausstreuen der Kastenform (30 cm lang)

Den Honig, den Zucker und das Salz erwärmen, bis sich der Zucker aufgelöst hat, jedoch nicht kochen. Abkühlen lassen.
Mit der Milch, den Gewürzen, dem Zitronat und den Mandeln (oder Nüssen) verrühren. Zuletzt die mit Backpulver vermischten Mehle hinzufügen und den Teig gründlich verrühren.
Die Kastenform fetten und mit Mehl gleichmäßig ausstreuen.
Den Teig hineinfüllen, in den kalten Backofen auf die 2. Schiene von unten schieben und bei 200° C backen (Heißluftherd 160° C, Gasherd Stufe 4).
Wenn der Kuchen fertig gebacken ist, herausnehmen und die Form mit einem feuchten Tuch bedecken. Das Lebkuchenbrot in der Form auskühlen lassen. Dann vorsichtig die Ränder lösen und herausnehmen.

Vorbereitungszeit: etwa 20 Minuten
Backzeit: etwa 60–65 Minuten bei 200° C

Tip:
Das Lebkuchenbrot gewinnt an Geschmack, wenn es schon längere Zeit vor Weihnachten gebacken wurde. Es ist in einer Dose bzw. Büchse oder luftdicht verpackt lange haltbar.

Nußaugentaler

375 g Weizenvollkornmehl – frisch, fein gemahlen, oder
    200 g Weizenvollkornmehl, Type 1700 fein, und
    175 g Weizenmehl, Type 550
125 g Zucker
1 Päckchen Vanillezucker
1 Prise Salz
1 Ei

250 g Butter oder Margarine
75 g blättrig geschnittene Haselnüsse

Das Mehl, den Zucker, den Vanillezucker und das Salz in einer Schüssel vermischen.

In die Mitte des Mehlhäufchens eine Mulde drücken, das verquirlte Ei hineingeben und die Butter darüberflocken.

Mit dem Knethaken eines Rührgeräts oder den Händen alles zu einem Teig verkneten. Die Haselnüsse zuletzt dazugeben und kurz hineinkneten. Den Teig in Stücke teilen und diese zu Rollen von 30 cm Länge mit einem Durchmesser von 5 cm formen. Zugedeckt über Nacht kühl stellen.

Am nächsten Tag von den Teigrollen 5 mm dicke Scheiben abschneiden und auf ein ungefettetes Backblech legen.

In den auf 200° C vorgeheizten Backofen auf die 2. Schiene von oben schieben und etwa 15 Minuten backen (Heißluftherd 160° C, Gasherd Stufe 4).

Die fertigen Gebäcktaler auf dem Gitterrost auskühlen lassen.

Vorbereitungszeit:	etwa 30 Minuten
Backzeit je Blech:	etwa 15 Minuten bei 200° C

Die Masse ergibt etwa 40 Stück.

Walnußbrezeln

200 g Butter oder Margarine
250 g Zucker
3 Eier
abgeriebene Schale von 1/2 Zitrone
120 g geriebene Walnußkerne
450 g Weizenvollkornmehl – frisch, fein gemahlen
Weizenvollkornmehl zum Rollen
2 Eigelb zum Bestreichen
Hagelzucker zum Bestreuen
Fett zum Ausstreichen des Backblechs

In einer Schüssel das Fett, den Zucker und die verquirlten Eier schaumig rühren. Die abgeriebene Zitronenschale dazugeben, die geriebenen Walnußkerne hinzufügen und schnell so viel Mehl hineinkneten, daß ein geschmeidiger Teig entsteht.

Den Teig zu einem Ball formen und zugedeckt 1 Stunde kalt stellen.

Eine dicke wurstartige Rolle vom Teig herstellen und davon dünne Scheiben abschneiden. Aus diesen Scheiben zunächst kleine Kügelchen formen und auf einer bemehlten Arbeitsplatte davon dünne Röllchen drehen. Diese zu Brezeln formen.

Auf einem gefetteten Blech auslegen und über Nacht kalt stellen. Vor dem Backen am nächsten Tag die Brezeln gleichmäßig mit verrührtem Eigelb bestreichen und mit Hagelzucker bestreuen.

Das Blech in den auf 200° C vorgeheizten Backofen des E-Herdes auf die 2. Schiene von oben schieben und die Brezeln 15 Minuten backen (Heißluftherd 160° C, Gasherd Stufe 4).

Vorbereitungszeit: etwa 50 Minuten
Backzeit je Blech: etwa 15 Minuten bei 200° C

Die Masse ergibt etwa 75 Stück.

Glasierte Vanillebrezeln

125 g Butter oder Margarine
125 g Zucker
1 Päckchen Vanillezucker
1 Prise Salz
2 kleine Eier
375 g Weizenvollkornmehl – frisch, fein gemahlen
1/2 Päckchen Backpulver
Weizenvollkornmehl zum Rollen des Teiges
Backpapier oder Fett zum Ausstreichen des Backblechs
Für die Glasur: 1 Eiweiß
200 g Puderzucker
1 Päckchen Vanillezucker

In einer Schüssel das Fett mit dem Zucker, dem Vanillezucker, dem Salz und den Eiern schaumig rühren. Das mit dem Backpulver vermischte Mehl unter den Teig kneten.

Den Teig zu einem Ball formen und 1 Stunde zugedeckt kühl stellen.

Zunächst 15–20 cm lange dünne Röllchen herstellen. Dafür den geschmeidigen Teig zu einer dicken, wurstartigen Rolle formen und davon dünne Scheiben abschneiden.

Aus diesen Scheiben zuerst kleine Kugeln formen, dann auf einer bemehlten Arbeitsplatte die Röllchen drehen. Aus den Röllchen Brezeln formen und auf dem vorbereiteten Backblech auslegen.

Das Blech in den auf 200° C vorgeheizten Backofen des E-Herdes auf die 2. Schiene von oben schieben und die Brezeln etwa 15 Minuten hellgelb backen (Heißluftherd 160° C, Gasherd Stufe 4).

Die fertig gebackenen Brezeln auf einen Gitterrost legen und noch warm mit der Glasur überziehen.

Dafür das Eiweiß mit dem Schneebesen verklopfen und mit Puderzucker und Vanillezucker zu einer dicklichen Masse verrühren. Mit dem Backpinsel die Glasur gleichmäßig auf die Brezeln auftragen.

| *Vorbereitungszeit:* | etwa 50 Minuten |
| *Backzeit je Blech:* | etwa 15 Minuten bei 200° C |

Die Masse ergibt etwa 50 Brezeln.

Tip:
Ein noch intensiverer Vanillegeschmack läßt sich durch Hinzufügen von einigen Tropfen Vanilleextrakt in die Glasurmasse erzielen. Die Brezelchen lassen sich auch als Weihnachtsbaumschmuck verwenden.

Vanillekipferl

150 g Weizenvollkornmehl – frisch, fein gemahlen, oder Type 1700 fein
250 g feingeriebene Mandeln
50 g Zucker
1 Päckchen Vanillezucker
1 Prise Salz
220 g Butter oder Margarine
Zum Bestreuen: Vanillezucker
Backpapier oder Fett zum Ausstreichen des Backblechs

In einer Schüssel das Mehl, die geriebenen Mandeln, den Zucker, den Vanillezucker und das Salz mischen. Das kalte Fett darüberflocken und schnell zu einem Mürbeteig verkneten.

Von dem Teig 1 cm dicke Stangen rollen und zugedeckt 1 Stunde lang kalt stellen.

Von den Stangen jeweils 4 cm lange Stücke abschneiden und diese zu Bögen = Kipferl (Hörnchen) formen.

Auf das vorbereitete Backblech legen, dieses in den auf 180° C vorgeheizten Backofen des E-Herdes auf die 2. Schiene von oben schieben und die Kipferl in etwa 10 Minuten hellgelb backen (Heißluftherd 150° C, Gasherd Stufe 3).

Nach dem Backen die Kipferl in Vanillezucker wälzen und anschließend abkühlen lassen. Dabei sehr vorsichtig sein, da die Kipferl zum Zerbrechen neigen.

Vorbereitungszeit: etwa 20 Minuten
Backzeit je Blech: etwa 10 Minuten bei 180° C

Die Masse ergibt etwa 50 Stück.

Würzige Schmalznüsse

200 g Schmalz, ungesalzen
125 g Zucker
1 Päckchen Vanillezucker

1/2 TL Salz
2 TL Pfefferkuchengewürz
375 g Weizenvollkornmehl – frisch, fein gemahlen, <u>oder</u>
    175 g Weizenvollkornmehl, Type 1700 fein, und
    200 g Weizenmehl, Type 550
1 EL Rum
1 Messerpitze Hirschhornsalz
1 EL Kakao
Backpapier oder Fett zum Ausstreichen des Backblechs

Das Schmalz in eine Schüssel geben und schaumig rühren. Nach und nach den Zucker, den Vanillezucker, das Salz und das Pfefferkuchengewürz hinzufügen. Zuletzt das Mehl und das im Rum aufgelöste Hirschhornsalz unter den Teig kneten.
Den Teig in 2 gleich große Stücke teilen. Unter eine Hälfte den Kakao kneten. Beide Teighälften zu Bällen formen und 1 Stunde kühl stellen.
Aus dem Teig kleine Kugeln formen und auf das vorbereitete Backblech verteilen. Das Blech in den auf 200° C vorgeheizten Backofen des E-Herdes auf die 2. Schiene von oben schieben und die Schmalznüsse etwa 15 Minuten backen (Heißluftherd 160° C, Gasherd Stufe 4).
Die fertig gebackenen Schmalznüsse auf einem Gitterrost auskühlen lassen.

Vorbereitungszeit:	etwa 30 Minuten
Backzeit je Blech:	15 Minuten bei 200° C

Die Masse ergibt ungefähr 60 Stück.

Bunt verzierte Weihnachtsplätzchen

250 g Butter oder Margarine
250 g Zucker
1 Päckchen Vanillezucker
1/2 TL Salz

2 Eier

abgeriebene Schale von 1 unbehandelten Zitrone

Saft von 1/2 Zitrone

500 g Weizenvollkornmehl – frisch, fein gemahlen, <u>oder</u>
    250 g Weizenvollkornmehl, Type 1700 fein, und
    250 g Weizenmehl, Type 1050

1 Päckchen Backpulver

2–3 TL Zimt

Weizenvollkornmehl zum Ausrollen

Backpapier oder Fett zum Ausstreichen des Backblechs

Zum Guß: 1 Eiweiß
           150 g Puderzucker
           1/2 ausgeschabte Vanilleschote oder einige Tropfen Vanille-
           extrakt oder
           10 g Kakao oder einige Tropfen Himbeersirup oder Speise-
           farbe

In einer Schüssel das Fett mit dem Zucker, dem Vanillezucker und dem Salz schaumig rühren. Nacheinander die Eier, die Zitronenschale und den Saft hinzufügen.

Das Weizenvollkornmehl mit dem Backpulver und dem Zimt vermischen und unter den Teig kneten. Den Teig zu einem Ball formen und in die Schüssel legen.

Die Schüssel in einen Plastikbeutel schieben und 1–2 Stunden kalt stellen.

Dann den Teig auf einer bemehlten Arbeitsplatte 3 mm dick ausrollen und davon beliebige Formen ausstechen.

Diese auf ein vorbereitetes Backblech legen und in den auf 180° C vorgeheizten Backofen des E-Herdes auf die 2. Schiene von oben schieben und etwa 15 Minuten goldgelb backen (Heißluftherd 150° C, Gasherd Stufe 3).

Das fertige Gebäck auf dem Gitterrost abkühlen lassen.

Für den Guß das Eiweiß leicht schaumig schlagen und mit dem Puderzucker zu einem steifen Guß klopfen. Die Glasur nach Belieben mit Vanille oder Kakao, Himbeersirup oder Speisefarbe färben.

Mit dem Spritzbeutel mit feiner Tülle Verzierungen auf die Plätzchen spritzen und trocknen lassen.

Vorbereitungszeit:	20 Minuten
Ruhezeit:	60–120 Minuten
Backzeit je Blech:	etwa 15 Minuten bei 180° C

Die Masse ergibt – je nach Größe – bis etwa 100 Stück.

Tip:
Für etwa vorgesehene große Sterne, Engel oder Weihnachtsmänner den Teig 5 mm dick ausrollen und die Backzeit auf 20–25 Minuten verlängern.

Leckerli

300 g Bienenhonig
200 g Rohzucker
200 g gehackte Walnüsse
50 g gehacktes Orangeat
50 g gehacktes Zitronat
50 g gehackte, getrocknete Feigen
abgeriebene Schale von 1/2 unbehandelten Zitrone
abgeriebene Schale von 1/2 unbehandelten Orange
2 TL Zimt
1 Prise gemahlene Nelken
1 Prise Muskatblüte
2 EL Rum
400 g Weizenvollkornmehl – frisch, fein gemahlen, oder
    200 g Weizenvollkornmehl, Type 1700 fein, und
    200 g Weizenmehl, Type 1050
Weizenvollkornmehl zum Ausrollen
Backpapier oder Fett zum Ausstreichen des Backblechs
Zur Glasur: 100 g Puderzucker
            1 EL Zitronensaft
            1 EL Rum

In einem Topf den Honig und den Rohzucker aufkochen, vom Feuer nehmen und abkühlen lassen.

Die Walnüsse, das Orangeat, das Zitronat, die Feigen und die Gewürze zur abgekühlten Masse geben und alles gut durchrühren. Zuletzt das Mehl hineingeben und schnell zusammenkneten.

Den Teig auf einer bemehlten Arbeitsplatte 3 mm dick ausrollen und Quadrate mit 3 cm Seitenlänge schneiden. Diese auf ein vorbereitetes Backblech legen und darauf 2 Stunden trocknen lassen.

Dann das Blech in den auf 180° C vorgeheizten Backofen des E-Herdes auf die 2. Schiene von oben schieben und die Leckerli 15 Minuten backen (Heißluftherd 150° C, Gasherd Stufe 3).

Die fertig gebackenen Leckerli mit einem Guß aus dem verrührten Puderzucker, dem Zitronensaft und dem Rum noch heiß glasieren.

Vorbereitungszeit:	etwa 45 Minuten
Ruhezeit:	2 Stunden
Backzeit je Blech:	15 Minuten

Die Masse ergibt etwa 75 Stück.

Auch Vollkorntorten gelingen!

Wenn jemand meinen sollte, er müsse mit der Entscheidung für Vollkornmehl auf köstliche Torten verzichten, dann können wir ihn beruhigen. Auch aus Vollkornmehl gelingen die schönsten Tortenböden, die nach Belieben gefüllt und verziert werden können.

Und das gute Gewissen erhöht den Genuß: Solche Torten sind eben etwas zuträglicher für die Gesundheit als das nährstoffarme Weißgebäck. Schwelgen Sie also auch mit Vollkornmehl nach Herzenslust in Torten. Einige Vorschläge finden Sie hier!

Quarkcremetorte mit Sauerkirschen

3 Eigelb
3 EL heißes Wasser
150 g Zucker
1 Päckchen Vanillezucker
1 Prise Salz
3 Eiweiß
150 g Weizenvollkornmehl – frisch, fein gemahlen, oder
    100 g Weizenvollkornmehl, Type 1700 fein, und
    50 g Weizenmehl, Type 1050
1 TL Backpulver

Backpapier zum Auslegen oder Fett zum Ausstreichen
  einer Springform (26 cm Durchmesser)
Für die Füllung: 15 Blatt weiße Gelatine
          1 Tasse Wasser
          1 Päckchen Vanillepuddingpulver
          1/2 l Milch
          160 g Zucker
          1 Prise Salz
          500 g Sahnequark
          2 Eigelb
          1 EL Zitronensaft
          2 Eiweiß
          2 Päckchen Vanillezucker
          1/4 l Schlagsahne
          Alufolie zum Auskleiden der Springform
          1/2 Glas (Dose) Sauerkirschen
  Zum Bestreuen: Puderzucker

Die Eigelbe mit heißem Wasser erst schaumig, dann mit 2/3 des Zuckers, dem Vanillezucker und dem Salz cremig rühren.

Die Eiweiße mit dem Rest des Zuckers sehr steif schlagen und auf die Eimasse geben.

Das Weizenvollkornmehl und das Backpulver mischen und über den Eierschnee streuen. Mit dem Schneebesen alles luftig unter die Eimasse heben.

Den Boden der Springform mit Backpapier auslegen oder mit Fett einreiben. Den Teig hineinfüllen und glattstreichen.

Die Form in den auf 200° C vorgeheizten Backofen auf die unterste Schiene schieben und den Teig 35 Minuten backen (Heißluftherd 160° C, Gasherd Stufe 4).

Den fertig gebackenen Teig in der Backform 10 Minuten auskühlen lassen, dann von Rand und Boden lösen und auf dem Gitterrost erkalten lassen.

Für die Füllung die Gelatine in einer Tasse mit kaltem Wasser einweichen. Das Vanillepuddingpulver mit 1/4 der Milch anrühren.

Den Rest der Milch in einem Topf mit dem Zucker und dem Salz

aufkochen, das Puddingpulver hineinrühren, nochmals kurz auf-
kochen lassen und dann vom Feuer nehmen. Die ausgedrückte
Gelatine hineinrühren und unter wiederholtem Umrühren abküh-
len lassen.
Den Quark mit den Eigelben und dem Zitronensaft mischen. Die
Eiweiße zusammen mit dem Vanillezucker steif schlagen und die
Sahne schlagen.
Nun der Reihe nach unter den Pudding ziehen: den Quark, den
Eischnee, die Schlagsahne.
Den Biskuitboden oben 1 cm dick abschneiden. Den unteren Teil
auf eine Tortenplatte legen. Den Springformrand mit Alufolie
auskleiden und um den Tortenboden setzen.
Die Hälfte der Creme auf den Tortenboden füllen. Dann die
vorher gut abgetropften Sauerkirschen darüber verteilen. Den
2. Teil der Creme darüberstreichen.
Den vorher abgeschnittenen Biskuitdeckel über Kreuz für 12 oder
16 Stücke markieren, auf die Creme legen und dick mit Puderzuk-
ker bestäuben.
Im Kühlschrank mehrere Stunden kalt stellen.
Vor dem Servieren den Springformrand und die Alufolie ablösen.

| *Vorbereitungszeit:* | etwa 75 Minuten |
| *Backzeit:* | etwa 35 Minuten bei 200° C |

Tip:
Es empfiehlt sich, den frisch gebackenen Tortenboden 1 Tag
ruhen zu lassen, bevor er gefüllt wird. Die Tortenböden können auch tiefgekühlt länger aufbewahrt werden.

Elsässer Quarktorte

375 g getrocknete Pflaumen ohne Stein
1/4 l Rotwein
1/2 Stange Kanehl (Zimt)
4 Gewürznelken

200 g Weizenvollkornmehl – frisch, fein gemahlen, oder
    100 g Weizenvollkornmehl, Type 1700 fein, und
    100 g Weizenmehl, Type 1050
1 TL Backpulver
30 g Zucker
1 Prise Salz
abgeriebene Schale von 1/2 unbehandelten Zitrone
1 Ei
75 g Butter oder Margarine
100 g trockener Sahnequark
Weizenvollkornmehl zum Ausrollen
Fett zum Ausstreichen einer Springform
Für den Guß: 3 Eigelb
                100 g Zucker
                1 Päckchen Vanillezucker
                1 Prise Salz
                75 g Speisestärke
                1/2 Päckchen Backpulver
                750 g Speisequark, Sahne
                Saft und abgeriebene Schale von
                1/2 unbehandelten Zitrone
                1/8 l Schlagsahne
                3 Eiweiß

Am Abend vor dem Backen die Backpflaumen in eine Schüssel geben.

Den Rotwein mit dem Zimt und den Gewürznelken aufkochen und über die Backpflaumen gießen, die während der Nacht quellen. Am nächsten Morgen abgießen und abtropfen.

Für den Teig das Mehl in einer Schüssel mit dem Backpulver, dem Zucker, dem Salz und der abgeriebenen Zitronenschale mischen. Das Ei, das kalte, in Flöckchen geschnittene Fett und den Quark dazufügen. Alles schnell zu einem Teig zusammenkneten, am besten mit dem Knethaken eines Rührgeräts. Den Teig zu einem Ball formen und zugedeckt mindestens 1 Stunde kalt stellen.

Für den Quarkguß die Eigelbe mit dem Zucker, dem Vanillezucker und dem Salz schaumig weiß rühren, die Speisestärke, das

Backpulver, den Quark, den Saft und abgeriebene Schale der Zitrone hinzufügen.

Schlagsahne und Eiweiß steif schlagen. Erst die Schlagsahne, dann den Eischnee locker unter die Quarkmasse heben.

Den Teig nach der Kühlzeit auf einer bemehlten Arbeitsplatte ausrollen und mit ihm den Boden einer Springform belegen, mehrmals mit der Gabel einstechen und den Rand 3 cm hoch auslegen.

Die abgetropften Pflaumen auf dem Kuchenboden verteilen und den Quarkguß darübergeben. Die Oberfläche glattstreichen.

Die Form in den auf 200° C vorgeheizten Backofen des E-Herdes auf die 2. Schiene von unten schieben und den Kuchen etwa 60 Minuten backen (Heißluftherd 160° C, Gasherd Stufe 4).

Den Kuchen in der Form abkühlen lassen, dann vorsichtig daraus lösen.

Vorbereitungszeit:	etwa 40 Minuten
Ruhezeit:	60 Minuten
Backzeit:	etwa 60 Minuten bei 200° C

Orangentorte

200 g Butter oder Margarine
200 g Zucker
3 Eigelb
2 ganze Eier
350 g Weizenvollkornmehl – frisch, fein gemahlen, oder
    200 g Weizenvollkornmehl, Type 1700 fein, und
    150 g Weizenmehl, Type 1050
1/2 Päckchen Backpulver
abgeriebene Schale von 1 unbehandelten Orange
30 g geriebene Schokolade
3 Eiweiß
1 Päckchen Vanillezucker
Fett zum Ausstreichen der Springform (26 cm Durchmesser)
Für die Füllung: 1/4 l frisch gepreßter Orangensaft
               Saft von 1 Zitrone
               100 g Zucker

2 EL Speisestärke
2 EL Wasser
25 g Palmin
175 g Butter oder Margarine
Für die Glasur: Vollmilchkuvertüre
Für die Garnitur: 1 Orange, in Spalten geteilt

Das Fett und den Zucker für den Teig schaumig rühren und nach und nach die Eigelbe und die Eier hinzufügen.

Das Weizenvollkornmehl und das Backpulver mischen und mit der abgeriebenen Orangenschale unter die Masse rühren.

Von diesem Teig 1/3 abnehmen und mit der geriebenen Schokolade dunkel färben.

Die Eiweiße mit Vanillezucker sehr steif schlagen und unter beide Teige ziehen.

Den dunklen Teig in eine gefettete Springform streichen, in den auf 200° C vorgeheizten Backofen des E-Herdes auf die 2. Schiene von unten schieben und etwa 25 Minuten backen (Heißluftherd 160° C, Gasherd Stufe 4).

Den hellen Teig in 2 gleiche Teile trennen und wie mit dem dunklen Teig daraus hintereinander 2 Tortenböden backen. Auf einem Gitterrost auskühlen lassen.

Für die Füllung den Orangen- und Zitronensaft mit dem Zucker aufkochen.

Die Speisestärke mit Wasser anrühren und den Saft damit andikken und unter wiederholtem Umrühren auskühlen lassen.

Das Palmin zerlassen und tropfenweise unter das schaumig gerührte Fett geben und eßlöffelweise die Saftmasse hinzufügen. Fett und Fruchtmasse müssen die gleiche Temperatur haben, damit die Creme nicht gerinnt!

2/3 der Orangenbuttercreme zwischen die Tortenböden streichen, wobei der dunkle Boden in der Mitte liegt.

Für die Glasur die Kuvertüre im Wasserbad (oder Simmertopf) zerlassen und die Torte damit überziehen und fest werden lassen.

Den Rest der Orangenbuttercreme in einen Spritzbeutel füllen und mit einer Sterntülle die Tortenoberfläche damit zierlich überziehen und zuletzt mit den Orangenspalten garnieren.

Vorbereitungszeit:	etwa 70 Minuten
Backzeit:	jeder Tortenboden etwa 25 Minuten
	(also 75 Minuten) bei 200° C

Sahne-Beeren-Torte

2 Eigelb
1 EL heißes Wasser
75 g Zucker
1 Prise Salz
2 Eiweiß
1 Päckchen Vanillezucker
100 g Weizenvollkornmehl – frisch, fein gemahlen, oder
   100 g Weizenvollkornmehl, Type 1700 fein
1 TL Backpulver
abgeriebene Schale von 1 unbehandelten Zitrone
Fett zum Ausstreichen einer Tortenbodenform (29 cm Durchmesser)
Für den Belag: 200 g Johannisbeergelee
              1/2 l süße Sahne
              1 Päckchen Vanillezucker
              1 EL Puderzucker
              2 Päckchen Sahnesteif
              500 g frische Beeren (z. B. Erd-, Him-, Johannis-, Brom-
              oder Heidelbeeren)
              1/4 l gesüßter Saft der verwendeten Beeren
              1 Päckchen Tortenguß

Für den Teig die Eigelbe mit heißem Wasser erst schaumig, dann mit dem Salz und 2/3 des Zuckers cremig rühren.

Die Eiweiße mit dem Rest des Zuckers und dem Vanillezucker sehr steif schlagen und auf die Eigelbmasse geben.

Das Weizenvollkornmehl mit dem Backpulver und der abgeriebenen Zitronenschale mischen und über den Eischnee streuen. Mit dem Schneebesen alles luftig unter die Eigelbmasse heben.

Den Teig in die gefettete Backform streichen und in den auf 200° C vorgeheizten Backofen des E-Herdes auf die unterste Schie-

ne schieben und etwa 25 Minuten backen (Heißluftherd 160° C,
Gasherd Stufe 4).

Den gebackenen Tortenboden erst in der Form etwas abkühlen
und dann auf dem Gitterrost erkalten lassen.

Für den Belag das Johannisbeergelee glattrühren, etwas erwärmen
und auf den Tortenboden streichen.

Die Sahne mit dem Vanille- und dem Puderzucker steif schlagen
und mit dem untergemischten Sahnesteif auf dem Johannisbeergelee
verteilen.

Die Sahne mit den gewaschenen, entstielten und gut abgetropften
Früchten gleichmäßig belegen.

Den passenden Fruchtsaft mit Tortenguß verrühren, aufkochen,
etwas abkühlen lassen und den allmählich gelierenden Saft über
die Früchte geben. Die Torte gut gekühlt servieren.

Vorbereitungszeit: etwa 45 Minuten
Backzeit: etwa 25 Minuten bei 200° C

Nußtorte Engadiner Art

Für die Füllung: 1 EL Butter oder Margarine
300 g Zucker
200 ml (1/5 l) süße Sahne
300 g gehackte Walnußkerne
300 g Weizenvollkornmehl – frisch, fein gemahlen, oder
150 g Weizenvollkornmehl, Type 1700 fein, und
150 g Weizenmehl, Type 1050
100 g Zucker
1 Päckchen Vanillezucker
1 Prise Salz
1/2 Päckchen Backpulver
1 Ei
150 g Butter oder Margarine
Weizenvollkornmehl zum Ausrollen
Fett zum Ausstreichen und Weizenvollkornmehl zum Ausstreuen
der Springform (24 cm Durchmesser)

Zum Bestreichen: 1 Eigelb
1 EL Milch

Zunächst für die Füllung das Fett in einer Pfanne schmelzen lassen, den Zucker hineinrühren und hellbraun karamelisieren. Vorsichtig unter Rühren die Sahne hineingießen, die aufschäumt. Gehackte Walnüsse dazugeben und aufkochen. Dann vom Feuer nehmen und abkühlen lassen.

Für den Teig in eine Schüssel das Weizenvollkornmehl geben und mit dem Zucker, dem Vanillezucker, dem Salz und dem Backpulver mischen.

Das verquirlte Ei dazugießen und kaltes Fett darüberflocken. Rasch mit dem Knethaken eines Rührgeräts oder mit den Händen die Masse zu einem glatten, geschmeidigen Teig kneten.

In Folie wickeln und 2 Stunden kalt stellen.

Dann 2/3 des Teigs auf einer bemehlten Arbeitsplatte dünn ausrollen. Den Boden und den Rand (3 cm hoch) einer vorbereiteten Springform mit dem Teig auslegen.

Das letzte Teigdrittel für den Deckel rund ausrollen.

Die Füllung auf den Tortenboden streichen und darauf den Teigdeckel legen.

Das Eigelb und die Milch verquirlen, den Rand des Deckels damit bestreichen. Den überstehenden Rand des Teigbodens umklappen und fest andrücken.

Mit dem Rest Eigelb die Oberfläche bestreichen und mehrere Male den Deckel mit einer Gabel einstechen.

Die Form in den auf 200° C vorgeheizten Backofen des E-Herdes auf die 2. Schiene von unten schieben und den Teig etwa 40 Minuten backen (Heißluftherd 160° C, Gasherd Stufe 4).

Wenn der Kuchen fertig gebacken ist, den Springformrand vorsichtig lösen, aber lose um den Kuchen stehen lassen. Ein feuchtes Tuch über die Form decken und langsam abkühlen lassen.

Vorbereitungszeit:	etwa 35 Minuten
Ruhezeit:	2 Stunden
Backzeit:	etwa 40 Minuten bei 200° C

Schokoladentorte

150 g Butter oder Margarine
150 g Puderzucker
6 große Eier, in Eigelb und Eiweiß getrennt
150 g geriebene Schokolade
1 Päckchen Vanillezucker
1 TL Zitronensaft
150 g Weizenvollkornmehl – frisch, fein gemahlen,
   evtl. noch ausgesiebt, oder Type 1700 fein
Fett zum Ausstreichen und Weizenvollkornmehl zum Ausstreuen
   der Springform (Durchmesser 26 cm)
Für den Guß: 200 g Aprikosenmarmelade
            200 g halbbittere Kuvertüre
            2 EL Sahne

Die Butter und den Puderzucker schaumig rühren und nach und nach 6 Eigelb und die geriebene Schokolade hinzufügen, so daß eine cremige Masse entsteht.

Die 6 Eiweiß mit Vanillezucker und Zitronensaft sehr steif schlagen. $1/3$ des Eischnees unter die Butter-Schokoladen-Masse heben und das Mehl darüberstreuen.

Den Rest des Eischnees dazugeben und vorsichtig miteinander vermischen. (Nicht kräftig rühren!)

Den Teig in eine gefettete und mit Mehl ausgestreute Springform füllen und glattstreichen. In den kalten Backofen auf die 2. Schiene von unten schieben und bei 180° C 60 Minuten backen (Heißluftherd 150° C, Gasherd Stufe 3).

Den gebackenen Tortenboden in der Form 10 Minuten abkühlen lassen. Dann den Rand lösen und vorsichtig auf einen Gitterrost stürzen. Darauf völlig auskühlen lassen.

Die Aprikosenmarmelade glattrühren und erhitzen. Den Tortenrand und die Oberfläche mit der heißen Marmelade gleichmäßig bestreichen und etwa 15 Minuten trocknen lassen.

Die Kuvertüre mit der Sahne im Wasserbad (oder Simmertopf) zerlassen und die Torte gleichmäßig damit überziehen.

Wer will, kann in dem noch heißen Schokoladenguß mit einem Messer 16 Tortenstücke markieren.

Vorbereitungszeit:	etwa 25 Minuten
Backzeit:	60 Minuten bei 180° C

Schwarzwälder Cremetorte

6 Eigelb
3 EL heißes Wasser
50 g Rohmarzipan
1 Päckchen Vanillezucker
1 Prise Salz
6 Eiweiß
150 g Zucker
100 g Weizenvollkornmehl – frisch, fein gemahlen, oder Type 1700 fein
1 TL Backpulver
3 EL Kakao
50 g geriebene Haselnüsse
abgeriebene Schale von 1/2 unbehandelten Zitrone
Backpapier zum Auslegen oder Fett zum Ausstreichen
   des Bodens einer Springform (26 cm Durchmesser)
Zur Füllung: 1 Päckchen Vanillepuddingpulver
         1/2 l Milch
         100 g Zucker
         1 Päckchen Vanillezucker
         1 Prise Salz
         25 g Palmin
         175 g Butter (notfalls auch Margarine)
         1 EL Speisestärke
         1 kg frische Sauerkirschen oder Dose
         etwas Zucker
         1 Likörglas Kirschwasser
Zum Bestreuen: 100 g Raspelschokolade

Für den Teig die Eigelbe mit dem heißen Wasser erst schaumig rühren, dann mit dem kleingeschnittenen Marzipan, dem Vanillezucker und dem Salz cremig rühren.

Die Eiweiße mit dem Zucker sehr steif schlagen und auf die Gelbei-Masse geben.

Das Weizenvollkornmehl mit dem Backpulver, dem Kakao, den geriebenen Nüssen und den abgeriebenen Zitronenschalen mischen, über den Eischnee streuen. Mit dem Schneebesen alles luftig unter die Eiermasse heben.

Den Boden der Springform mit Backpapier auslegen oder mit Fett ausstreichen. Den Teig hineinfüllen, glattstreichen, in den auf 200° C vorgeheizten Backofen des E-Herdes auf die unterste Schiene schieben und 35 Minuten backen (Heißluftherd 160° C, Gasherd Stufe 4).

Den fertig gebackenen Tortenboden in der Springform 10 Minuten abkühlen lassen, dann vorsichtig von Rand und Boden lösen und auf dem Gitterrost erkalten lassen.

Für die Creme das Puddingpulver mit 1/4 der Milch anrühren. Den Rest Milch mit dem Zucker, dem Vanillezucker und dem Salz in einem Topf aufkochen lassen. Das Puddingpulver hineinrühren, kurz aufkochen lassen. Vom Feuer nehmen und den sich abkühlenden Pudding mehrfach umrühren.

Das Palmin schmelzen und tropfenweise zu dem schaumig gerührten Fett geben.

Den erkalteten Pudding eßlöffelweise in das Fett rühren. Pudding und Fett müssen, damit die Creme nicht gerinnt, die gleiche Temperatur haben.

Das Stärkemehl mit etwas Wasser oder Kirschsaft anrühren.

Die entsteinten Kirschen mit 1/4 l Wasser und Zucker (oder mit ihrem Saft) aufkochen und mit dem Stärkemehl andicken. Auf ein Sieb gießen, abtropfen und danach erkalten lassen.

Den Biskuitboden 2mal durchschneiden. Die einzelnen Platten mit Kirschwasser tränken und dünn mit der Buttercreme bestreichen. Die übrige Creme, bis auf einen kleinen Rest für den Rand, in einen Spritzbeutel füllen und mit einer mittelgroßen Sterntülle auf jede Platte in gleichmäßigen Abständen Ringe spritzen. In die Zwischenräume die abgetropften Kirschen verteilen.

Die 3 Böden aufeinandersetzen. Mit dem Rest der Creme den Rand bestreichen und rundherum dick mit Raspelschokolade bestreuen.

Vorbereitungszeit: 75 Minuten
Backzeit: etwa 35 Minuten bei 200° C.

Mokkacremetorte

5 Eigelb
5 EL heißes Wasser
200 g Zucker
1 Päckchen Vanillezucker
1 Prise Salz
abgeriebene Schale von 1/2 unbehandelten Zitrone
5 Eiweiß
200 g Weizenvollkornmehl – frisch, fein gemahlen, <u>oder</u>
    100 g Weizenvollkornmehl, Type 1700 fein, und
    100 g Weizenmehl, Type 1050
2 TL Backpulver
Backpapier zum Auslegen oder Fett zum Ausstreichen
    des Bodens einer Springform (26 cm Durchmesser)
Für die Creme: 1 Päckchen Schokoladenpuddingpulver
                1/2 l Milch
                150 g Zucker
                1 Päckchen Vanillezucker
                1 Prise Salz
                3 TL löslicher Kaffee
                25 g Palmin
                175 g Butter
Zur Füllung: 250 g rote Konfitüre (Himbeer, Kirsch, Johannisbeer)
Zur Garnitur: 50 g Schokoladen-Mokkabohnen
               80 g Schokoladenstreusel

Für den Teig die Eigelbe mit Wasser schaumig rühren. 2/3 des Zuckers, den Vanillezucker und das Salz hinzugeben und die Masse cremig rühren.

Die abgeriebene Zitronenschale, den mit dem Rest des Zuckers sehr steif geschlagenen Eischnee daraufgeben und das mit dem Backpulver vermischte Mehl darüberstreuen.

Mit dem Schneebesen alles luftig unter die Eiermasse heben.

Den Boden der Springform mit Backpapier auslegen oder mit Fett ausreiben, den Teig hineinfüllen und glattstreichen.

Den Teig in den auf 200° C vorgeheizten Backofen des E-Herdes auf die unterste Schiene schieben und 35 Minuten backen (Heißluftherd 160° C, Gasherd Stufe 4).

In der Springform 10 Minuten abkühlen lassen und dann vorsichtig Rand und Boden lösen. Den Tortenboden auf dem Gitterrost erkalten lassen.

Für die Creme das Puddingpulver mit 1/4 der Milch anrühren. Die andere Milch mit dem Zucker, dem Vanillezucker und dem Salz aufkochen. Das angerührte Puddingpulver hineinrühren und aufkochen lassen. Vom Feuer nehmen, den löslichen Kaffee hinzugeben und unter Rühren den Pudding abkühlen lassen.

Das Palmin zerlassen und tropfenweise zum schaumig gerührten Fett geben. Eßlöffelweise den kalten Pudding mit dem Schneebesen ins Fett rühren, wobei Pudding und Fett die gleiche Temperatur haben müssen, damit die Creme nicht gerinnt.

Den Biskuitboden waagerecht 2mal durchschneiden. Den unteren Boden mit glattgerührter Konfitüre bestreichen. Den 2. Boden darauflegen und mit Creme bestreichen. Den 3. Boden darauflegen und alles rundherum mit Mokkacreme bestreichen, aber einen Rest lassen.

Den Rand der Torte mit Schokoladenstreuseln bestreuen.

Den Rest Creme mit einem Spritzbeutel mit Sterntülle zur Verzierung der Oberfläche mit einem Muster benützen. Zuletzt die Torte mit Mokkabohnen garnieren.

Vorbereitungszeit: etwa 75 Minuten
Backzeit: etwa 35 Minuten bei 200° C

Pfirsichtorte

2 Eigelb
1 EL heißes Wasser
75 g Zucker
1 Prise Salz
2 Eiweiß
1 Päckchen Vanillezucker
100 g Weizenvollkornmehl – frisch, fein gemahlen, oder Type 1700 fein
1 TL Backpulver
abgeriebene Schale von 1 unbehandelten Zitrone
Fett zum Ausstreichen einer Tortenbodenform (29 cm Durchmesser)
Als Belag: 8 große reife Pfirsiche
        1/4 l Wasser
        50 g Zucker
        250 g Johannisbeergelee
        1 Beutel Tortenguß
        30 g geblätterte Mandeln

Für den Teig die Eigelbe mit heißem Wasser erst schaumig, dann mit 2/3 des Zuckers und dem Salz cremig rühren.

Die Eiweiße mit dem Rest Zucker und dem Vanillezucker sehr steif schlagen und auf die Gelbei-Masse geben.

Das Weizenvollkornmehl mit dem Backpulver und der abgeriebenen Zitronenschale mischen und über den Eischnee streuen. Mit dem Schneebesen alles luftig unter die Gelbei-Masse ziehen.

Den Teig in die gefettete Backform streichen und in den auf 200° C vorgeheizten Backofen auf die unterste Schiene schieben und etwa 25 Minuten backen (Heißluftherd 160° C, Gasherd Stufe 4).

Dann zunächst in der Form etwas abkühlen und danach auf dem Gitterrost erkalten lassen.

Die gewaschenen Pfirsiche mit kochendem Wasser überbrühen und 2 Minuten im heißen Wasser ziehen lassen. Die Haut abziehen, halbieren und den Stein entfernen.

1/4 l Wasser mit Zucker aufkochen. Die Pfirsichhälften hineingeben und 3 Minuten ziehen lassen. Auf einem Sieb abtropfen lassen.

Das Johannisbeergelee glattrühren und den Tortenboden damit bestreichen. Die abgetropften Pfirsichhälften, die Schnittfläche nach unten, auf dem Boden verteilen.

Den Pfirsichsaft mit dem Tortenguß verrühren, aufkochen und von der Mitte aus über die Pfirsiche verteilen.

Mandeln in der Pfanne goldgelb rösten und den Tortenrand damit bestreuen.

Die Torte abkühlen lassen und mit Schlagsahne servieren.

Vorbereitungszeit:	etwa 50 Minuten
Backzeit:	etwa 25 Minuten

Frühlingstorte

> 4 Eigelb
> 180 g Zucker
> 1 Prise Salz
> 4 Eiweiß
> 1 Päckchen Vanillezucker
> 1 TL Zitronensaft
> 200 g geriebene Haselnüsse
> 60 g Weizenvollkornmehl – frisch, fein gemahlen, oder Type 1700 fein
> 1 TL Backpulver
> abgeriebene Schale von $1/2$ unbehandelten Zitrone
> $1/2$ TL Zimt
> Backpapier zum Auslegen oder Fett zum Ausstreichen
>   des Bodens einer Springform (26 cm Durchmesser)
> Für die Creme: 100 g Kuvertüre (Vollmilch oder halbbitter)
>   3 Eigelb
>   3 EL Puderzucker
>   3 EL starker Bohnenkaffee
>   150 Butter oder Margarine
> Für den Guß: 200 g Kirschkonfitüre
>   1 Eiweiß
>   250 g Puderzucker
>   Saft von $1/2$ Zitrone
>   1 EL Rum

Für den Teig die Eigelbe mit 2/3 des Zuckers und dem Salz schaumig rühren.

Die Eiweiße mit dem Rest Zucker, dem Vanillezucker und dem Zitronensaft sehr steif schlagen und auf die Gelbei-Masse geben.

Die geriebenen Nüsse, das Weizenvollkornmehl, das Backpulver, die abgeriebene Zitronenschale und den Zimt mischen und über den Eischnee streuen. Mit dem Schneebesen locker unter die Gelbei-Masse heben.

Den Boden der Springform mit Backpapier auslegen oder einfetten, den Teig hineinfüllen und glattstreichen.

Den Teig in den auf 200° C vorgeheizten Backofen des E-Herdes auf die unterste Schiene schieben und etwa 35 Minuten backen (Heißluftherd 160° C, Gasherd Stufe 4).

Den gebackenen Tortenboden in der Form 10 Minuten auskühlen lassen, dann von Rand und Boden lösen und auf dem Gitterrost erkalten lassen.

Für die Creme die Kuvertüre im Wasserbad (oder Simmertopf) zerlassen. Das Eigelb, den Puderzucker und den Bohnenkaffee dazugeben und dickschaumig schlagen. Dann unter Rühren abkühlen lassen. Das Fett schaumig rühren. Darauf achten, daß Fett und Schokoladencreme die gleiche Temperatur haben und die Creme dann löffelweise ins Fett rühren.

Den erkalteten Tortenboden 2mal waagerecht durchschneiden und die Böden mit der Creme bestreichen und wieder aufeinandersetzen.

Für den Guß die Kirschkonfitüre glattrühren und erhitzen. Die Oberfläche der Torte damit bestreichen und 15 Minuten trocknen lassen.

Die Eiweiße leicht schaumig klopfen, mit dem Puderzucker, dem Zitronensaft und dem Rum zu einer breiartigen Masse rühren und ganz leicht erwärmen. Damit die Torte überziehen.

Ehe die Glasur ganz fest geworden ist, die Oberfläche mit kandierten Früchten, Zuckerblümchen, Ostereiern oder ähnlichem verzieren.

Vorbereitungszeit:	etwa 75 Minuten
Backzeit:	etwa 35 Minuten bei 200° C

Muttertagsherz

100 g Butter oder Margarine
150 g Zucker
1 Päckchen Vanillezucker
4 Eier
100 g geriebene Schokolade
50 g Weizenvollkornmehl – frisch, fein gemahlen, oder Type 1700 fein
2 Päckchen Schokoladenpuddingpulver
1/2 Päckchen Backpulver
75 g gemahlene Mandeln
evtl. 2 EL Milch
Zum Guß: 200 g Kuvertüre (Vollmilch- oder Bitterschokolade)
1 EL Milch
50 g grob gehackte Pistazien
Fett zum Ausstreichen der Herzenform

Das Fett in einer Schüssel schaumig rühren. Nach und nach den Zucker, den Vanillezucker, die Eier und die Schokolade hinzufügen.

Das Vollkornmehl, das Schokoladenpuddingpulver und das Backpulver zuerst mischen und dann mit den Mandeln darunterrühren. Dieser Teig soll schwer reißend vom Löffel fallen. Ist er zu fest, etwas Milch hinzufügen. Den Teig in eine gut gefettete Herzenform füllen.

Die Form in den auf 180° C vorgeheizten Backofen des E-Herdes auf die 2. Schiene von unten schieben und den Teig etwa 55 Minuten backen.

Das fertige Gebäck in der Form abkühlen lassen, dann vorsichtig lösen und auf einen Gitterrost zum Erkalten stürzen.

Für den Guß Schokolade mit Milch im Wasserbad (Simmertopf) auflösen und damit den erkalteten Kuchen überziehen. Dann sofort die Pistazien entweder ganz oder teilweise darüberstreuen.

Vorbereitungszeit: etwa 30 Minuten
Backzeit: etwa 55 Minuten

Tip:
Es ist auch möglich, das Herz vor dem Überziehen mit Guß
waagerecht einmal durchzuschneiden und mit Aprikosenmarmelade oder einer Buttercreme zu füllen.

Erdbeertörtchen

200 g Weizenvollkornmehl – frisch, fein gemahlen, oder
*   100 g Weizenvollkornmehl, Type 1700 fein, und*
*   100 g Weizenmehl, Type 1050*
100 g geriebene Mandeln
1 TL Backpulver
100 g Zucker
1 Prise Salz
abgeriebene Schale von 1/2 unbehandelten Zitrone
1 Ei
125 g Butter oder Margarine
Fett zum Ausstreichen der Törtchenformen
300 g geriebene Mandeln zum Ausstreuen kleiner Törtchenformen
*   (Durchmesser etwa 10 cm)*
Weizenmehl zum Ausrollen des Teigs
Für die Füllung: 50 g Kuvertüre
*   400 g kleine Erdbeeren*
*   1/4 l Apfelsaft*
*   50 g Zucker*
*   1 Päckchen Tortenguß*
*   50 g geblätterte Mandeln*

Für den Teig das Weizenvollkornmehl in eine Schüssel geben und
mit den Mandeln, dem Backpulver, dem Zucker, dem Salz und
der abgeriebenen Zitronenschale mischen.
1 verquirltes Ei dazufügen und das kalte Fett darüberflocken.

Daraus schnell einen Teig kneten und zu einem Ball formen. In Alufolie wickeln und 1 Stunde kalt stellen.

10 Förmchen einfetten und mit gemahlenen Mandeln ausstreuen. Den Teig auf einer bemehlten Arbeitsplatte 1/2 cm dick ausrollen und die Förmchen damit auslegen.

Den Teig in den auf 200° C vorgeheizten Backofen des E-Herdes auf die 2. Schiene von unten schieben und etwa 25 Minuten backen (Heißluftherd 160° C, Gasherd Stufe 4).

Die Torteletts nach dem Backen vorsichtig aus den Förmchen nehmen und auf einem Gitterrost auskühlen lassen.

Die Kuvertüre im Wasserbad (oder Simmertopf) zerlassen, die Torteletts damit innen ausstreichen und trocknen lassen.

Die Erdbeeren kurz in kaltem Wasser waschen, vom Stiel befreien und abtropfen lassen. Mit Küchenkrepp trockentupfen. Die Torteletts mit den Erdbeeren belegen.

Den Apfelsaft mit dem Zucker und dem Tortenguß in einem Topf anrühren und aufkochen. Den Guß von der Mitte über die Erdbeeren verteilen.

Die geblätterten Mandeln in einer Pfanne goldgelb rösten. Die Ränder der Torteletts damit bestreuen. Die Törtchen erkalten lassen und mit Schlagsahne servieren.

Vorbereitungszeit:	etwa 60 Minuten
Ruhezeit:	etwa 60 Minuten
Backzeit:	etwa 25 Minuten bei 200° C

Fettbäckerei mit Vollkornmehl

Berliner Pfannkuchen

500 g Weizenvollkornmehl – frisch, fein gemahlen, <u>oder</u>
   250 g Weizenvollkornmehl, Type 1700 fein, und
   250 g Weizenmehl, Type 1050
1/2 TL Salz
1 Päckchen Frischhefe oder 1 Beutel Trockenhefe
1/8 l Milch
100 g Zucker
abgeriebene Schale von 1 unbehandelten Zitrone
2 Eigelb
100 g Butter oder Margarine
Weizenvollkornmehl zum Kneten
Backpapier zum Auslegen eines Backblechs
Speiseöl oder Kokosfett zum Ausbacken
Zur Füllung: 250 g feste Erdbeerkonfitüre oder Pflaumenmus
Zum Guß: 1 EL Rum
         150 g Puderzucker

Das Mehl und das Salz in einer Schüssel mischen. In die Mitte des
Mehlhäufchens eine Mulde drücken, die Hefe hineinbröckeln, mit
der handwarmen Milch, 1 Eßlöffel Zucker und dem Mehl zu
einem Brei verrühren.
Die Schüssel in einen Plastikbeutel schieben und den Teig in der
warmen Küche oder im temperierten Backofen (35° C) in 20 Minuten um das Doppelte aufgehen lassen.

Den Rest Zucker, die abgeriebene Zitronenschale, die Eigelbe und weiche Fettflöckchen auf den Mehlrand des Hefeansatzes verteilen und alles miteinander verkneten, bis ein fester, glatter, geschmeidiger Teig entstanden ist.

Den Teig zu einem Ball formen, in die bemehlte Schüssel legen, in einen Plastikbeutel schieben und 30 Minuten aufgehen lassen, bis sich der Umfang verdoppelt hat.

Den Teig in 5 cm dicke Rollen formen und in Stücke von je etwa 45 g teilen. Diese Teigstückchen zu Kugeln formen und in Abständen auf ein mit Backpapier ausgelegtes Backblech setzen. Mit Folie abdecken und noch einmal 30 Minuten aufgehen lassen, bis die Berliner doppelt so groß geworden sind.

Fett in der Friteuse oder in einem Kochtopf erhitzen. Die Berliner vorsichtig vom Backpapier lösen und bei etwa 170° C auf jeder Seite etwa 5 Minuten goldbraun backen. Aus dem Fett nehmen, auf Haushaltspapier über dem Gitterrost das Fett abtropfen lassen. Für die Füllung mit einem spitzen, schmalen Messer bis in die Mitte der Berliner einstechen. Einen Spritzbeutel mit Konfitüre oder Pflaumenmus füllen und mit einer glatten Tülle oder Spezialspritze die süße Füllung in das Innere der Berliner drücken.

Tip:

Der Teig kann auch etwa 1 cm dick zu einem Rechteck ausgerollt werden. Die Hälfte der Teigplatte mit runden Formen von 4–5 cm Durchmesser vormarkieren.

In die Mitte die Konfitüre oder das Pflaumenmus setzen. Die Ränder mit etwas verklopftem Eiweiß gleichmäßig bestreichen.

Die andere Teighälfte darüberklappen. Nun die Pfannkuchen, mit den Konfitürehäufchen in der Mitte, ausstechen.

Die Ränder noch einmal zusammendrücken und auf ein vorbereitetes Backblech legen.

Die Berliner mit Folie abdecken, 30 Minuten aufgehen lassen und ebenso wie die nach anderer Art gefüllten Berliner im heißen Fett backen.

Den Rum und den Puderzucker zu einem Brei verrühren. Die noch warmen Berliner damit bestreichen.

Vorbereitungszeit:	etwa 35 Minuten
Gärzeit:	80 Minuten
Backzeit:	jeweils 10 Minuten bei etwa 170° C

Die Masse ergibt etwa 20 Stück.

Zimtbrezeln

Zutaten und Zubereitung für den Teig wie bei Berliner Pfannkuchen (Seite 155)
Zum Bestreuen: Zimt
Zucker
Puderzucker

Die abgeteilten Teigstücke durchkneten und zu bleistiftdicken Rollen formen und davon Brezeln schlingen.
Auf ein mit Backpapier ausgelegtes Backblech legen. Mit Folie bedecken und 20 Minuten aufgehen lassen.
Vorsichtig vom Backpapier lösen, damit sich die Brezeln nicht verformen.
Im heißen Fett auf beiden Seiten je 3 Minuten goldbraun backen.
Auf Haushaltspapier über einem Gitterrost das Fett abtropfen lassen.
Zimt und Zucker auf einem Teller mischen. Eine Seite der Brezel hineindrücken und anschließend mit Puderzucker überstäuben.

Vorbereitungszeit:	. etwa 35 Minuten
Gärzeit:	70 Minuten
Backzeit je Portion:	etwa 6 Minuten

Die Masse ergibt ungefähr 20 Brezeln.

Korkenzieher

Zutaten und Zubereitung für den Teig wie bei Berliner Pfannkuchen (Seite 155)
Für den Guß: 2 EL Zitronensaft
200 g Puderzucker

Die abgeteilten Teigstücke zu Rollen, etwa 1 1/2 cm dick, formen, die an beiden Seiten spitz auslaufen. Die Enden übereinander drehen und auf dem mit Backpapier ausgelegten Backblech mit Folie bedeckt 20 Minuten aufgehen lassen.
Im heißen Fett auf beiden Seiten etwa 3 Minuten goldbraun backen. Auf Haushaltspapier über einem Gitterrost das Fett abtropfen lassen.
Zitronensaft und Puderzucker zu einem Brei verrühren und die Korkenzieher damit glasieren und trocknen lassen.

Vorbereitungszeit:	etwa 35 Minuten
Gärzeit:	etwa 70 Minuten
Backzeit je Portion:	etwa 6 Minuten

Die Masse ergibt ungefähr 20 Korkenzieher.

Schneckenkrapfen

Zutaten und Zubereitung für den Teig wie bei Berliner Pfannkuchen (Seite 155)
Weizenvollkornmehl zum Ausrollen
Für die Füllung: 2 mittelgroße Äpfel
1 EL Zwiebackbrösel
50 g Rosinen
50 g gehackte Mandeln
1 TL Zimt
Backpapier zum Auslegen des Backblechs
Zum Bestreuen: Zucker und Zimt

Den aufgegangenen Hefeteig auf einer bemehlten Arbeitsplatte 1/2 cm dick zu einem Quadrat von ungefähr 40 × 40 cm ausrollen. Die Äpfel schälen, von Stiel, Blüte und Kerngehäuse befreien und gleichmäßig über den Teig raffeln. Mit den Zwiebackbröseln, den Rosinen, den Mandeln bestreuen und den Zimt darüberstäuben. Den Teig aufrollen und in etwa 2 cm dicke Scheiben schneiden. Diese auf ein mit Backpapier ausgelegtes Backblech legen und 20 Minuten, mit Folie bedeckt, aufgehen lassen.

Dann vorsichtig vom Backpapier lösen und im heißen Fett auf beiden Seiten etwa 6 Minuten goldbraun backen. Auf Haushaltspapier über einem Gitterrost das Fett abtropfen lassen.

Die Schnecken mit einer Mischung von Zucker und Zimt bestreuen.

Vorbereitungszeit:	etwa 35 Minuten
Gärzeit:	etwa 70 Minuten
Backzeit je Portion:	etwa 12 Minuten

Die Masse ergibt ungefähr 12 Schneckenkrapfen.

Ballbäuschen

500 g Weizenvollkornmehl – frisch, fein gemahlen, oder
    250 g Weizenvollkornmehl, Type 1700 fein, und
    250 g Weizenmehl, Type 1050
1/2 TL Salz
1 Päckchen Hefe oder 1 Beutel Trockenhefe
1/8 l Milch
150 g Zucker
2 Eier
abgeriebene Schale von je 1 unbehandelten Zitrone und Orange
100 g Butter oder Margarine
2 EL Rum
150 g Rosinen
Speiseöl oder Kokosfett zum Ausbacken

Das Mehl und das Salz in einer Schüssel mischen und in die Mitte eine Mulde drücken. Die Hefe hineinbröckeln und die handwarme Milch, je 1 Eßlöffel Zucker und Mehl zu einem Brei verrühren. Die Schüssel in einen Plastikbeutel schieben und den Ansatz in der warmen Küche oder im temperierten Backofen (35° C) 20 Minuten um das Doppelte aufgehen lassen.

Den Rest Zucker, die verquirlten Eier, die abgeriebene Zitronen- und Orangenschale sowie weiche Butterflöckchen auf den Mehlrand verteilen, alles gut mit dem Hefeansatz verkneten und einen glatten und geschmeidigen Teig herstellen.

Den Teig zu einem Ball formen, in die bemehlte Schüssel legen und in einen Plastikbeutel schieben. 30 Minuten aufgehen lassen, bis sich der Umfang verdoppelt hat.

Die im warmen Rum einige Zeit vorher eingeweichten Rosinen unter den Teig kneten und den Teig noch einmal, mit einem Plastikbeutel bedeckt, 20 Minuten aufgehen lassen.

Fett in einer Friteuse oder einem Topf auf etwa 170° C erhitzen. Mit 2 bemehlten Eßlöffeln kleine Kugeln abstechen und auf jeder Seite etwa 4 Minuten goldbraun backen. Die Ballbäuschen auf Haushaltspapier über einen Gitterrost legen und das Fett abtropfen lassen.

Vorbereitungszeit:	etwa 30 Minuten
Gärzeit:	70 Minuten
Backzeit je Portion:	8 Minuten bei etwa 170° C

Die Masse ergibt ungefähr 25–30 Stück.

Mutzenmandeln

2 Eier
100 g Puderzucker
1 Prise Salz
abgeriebene Schale von 1/2 unbehandelten Zitrone
250 g Weizenvollkornmehl – frisch, fein gemahlen, <u>oder</u>
*   125 g Weizenvollkornmehl, Type 1700 fein, und*

125 g Weizenmehl, Type 1050
25 g gehackte Mandeln
1 geriebene bittere Mandel
1½ TL Backpulver
1 EL Rum
25 g heiße flüssige Butter (oder Margarine)
Speiseöl oder Kokosfett zum Backen
Puderzucker oder Vanillezucker zum Bestreuen

Die Eier, den Puderzucker, das Salz und die abgeriebene Zitronen-schale hellschaumig rühren.
Das Weizenvollkornmehl, die Mandeln und das Backpulver mi-schen, mit dem Rum und dem heißen Fett zur Eiermasse geben und zu einem festen Teig verrühren. Diesen 1 Stunde kalt stellen. Öl im Topf erhitzen.
Mit einem Teelöffel mandelförmige Teigstücke abstechen und bei 175° C etwa 2 Minuten schwimmend auf jeder Seite goldbraun backen. Auf Haushaltspapier über einem Gitterrost abtropfen lassen. Mit Puderzucker oder Vanillezucker bestreuen und ganz frisch essen.

Vorbereitungszeit: etwa 15 Minuten
Backzeit je Portion: 4 Minuten bei etwa 175° C

Die Masse ergibt ungefähr 30 Mutzenmandeln.

Schmalzspitzen

50 g Butter oder Margarine
75 g Puderzucker
1 Päckchen Vanillezucker
1 Prise Salz
2 Eier
250 g Weizenvollkornmehl – frisch, fein gemahlen, oder
    125 g Weizenvollkornmehl, Type 1700 fein, und
    125 g Weizenmehl, Type 1050

1 1/2 TL Backpulver
2 EL Rum
Weizenmehl zum Ausrollen
Schweineschmalz zum Backen
Puderzucker zum Bestäuben

Das Fett mit dem Puderzucker, dem Vanillezucker und dem Salz schaumig rühren.

Nach und nach die Eier, das Mehl mit dem Backpulver vermischt und Rum hinzufügen. Zu einem festen Teig verarbeiten. Dann 1 Stunde kalt stellen.

Danach auf einer bemehlten Arbeitsplatte 1/2 cm dick ausrollen. Mit einem Kuchenrädchen verschobene Rechtecke ausrädeln. Schmalz in einem Topf erhitzen. Die Spitzen bei 175° C je 1 1/2 Minuten auf jeder Seite goldbraun backen. Auf Haushaltspapier über einem Gitterrost abtropfen lassen. Mit Puderzucker bestäuben und ganz frisch verzehren.

Vorbereitungszeit: etwa 20 Minuten
Backzeit je Portion: etwa 3 Minuten bei ungefähr 175° C

Die Masse ergibt ungefähr 40 Schmalzspitzen.

Spritzkuchen

1/8 l Milch
1/8 l Wasser
1 Prise Salz
1 Prise Zucker
80 g Butter oder Margarine
200 g Weizenvollkornmehl – frisch, fein gemahlen, oder
    100 g Weizenvollkornmehl, Type 1700 fein, und
    100 g Weizenmehl, Type 550
6 Eier
Backpapier zum Auslegen des Backblechs
Speiseöl oder Kokosfett zum Ausbacken

Für die Glasur: 150 g Puderzucker
1 EL Zitronensaft
1 EL Rum

Einen Brandteig bereiten (siehe Seite 167) und den Teig in einen Spritzbeutel füllen. Mit der großen Sterntülle handtellergroße Kränze auf das Backpapier spritzen.

Vorsichtig vom Papier lösen und in etwa 165° C heißem Fett die Spritzkuchen auf beiden Seiten je 4 Minuten hellgelb backken. Auf Haushaltspapier über einem Grillrost abtropfen lassen.

Den Puderzucker mit dem Zitronensaft und Rum zu einem Brei verrühren und die Oberfläche der warmen Spritzkuchenringe damit glasieren.

Vorbereitungszeit: etwa 20 Minuten
Backzeit je Portion: etwa 8 Minuten bei ungefähr 165° C

Die Masse ergibt ungefähr 15 Spritzkuchen.

Darauf ist beim Fettbacken zu achten:

- Wenn keine Friteuse vorhanden ist, sollte ein möglichst hoher und breiter Topf verwendet werden.

- Nur wasserfreies Fett verwenden; besonders geeignet sind Speiseöle (möglichst kalt gepreßt), Kokosfette und Schmalz. Diese Backfette dürfen nicht vermischt werden.

- Die Fettmenge im Topf muß es möglich machen, daß das Gebäck im Fett schwimmen kann.

- Jeweils nur kleine Portionen auf einmal fritieren, damit die Temperatur nicht absinkt. Außerdem muß berücksichtigt werden, daß das Gebäck noch aufgeht und Raum braucht.

- Die Temperatur des heißen Fetts ist richtig, wenn ein Probestück sofort wieder oben schwimmt.

- Bei zu heißem Fett werden die Gebäcke zu schnell braun und gehen nicht genug auf, so daß sie innen nicht gar sind.

- Bei zu kaltem Fett sinken die Gebäckstücke auf den Boden, saugen zu viel Fett auf und sind schwer verdaulich.

- Wenn die Unterseite des Gebäcks goldbraun ist, mit dem Schaumlöffel wenden und die andere Seite ebenfalls bräunen lassen.
- Nach dem Backen das abgekühlte Öl durch ein Haarsieb oder eine Filtertüte in ein sauberes Gefäß gießen und bis zur weiteren Verwendung vor Licht, Luft und Feuchtigkeit schützen.

Gebäck aus Brandteig

Vollkornwindbeutel mit Schlagsahne

1/4 l Wasser
1 Prise Salz
1 Prise Zucker
80 g Butter oder Margarine
180 g Weizenvollkornmehl – frisch, fein gemahlen, oder
    100 g Weizenvollkornmehl, Type 1700 fein, und
    80 g Weizenmehl, Type 550
5 Eier
1 TL Backpulver
Fett zum Ausstreichen und Weizenmehl zum Bestäuben des Backblechs
Zur Füllung: 1/2 l Schlagsahne
             1 Päckchen Vanillezucker
             1 EL Zucker
Zum Bestreuen: Puderzucker

Das Wasser, das Salz, den Zucker und das Fett in einen Topf geben und aufkochen. Das Mehl auf einmal hineinschütten. Gut rühren, bis sich der abgebrannte Teig als Kloß vom Topfboden löst.
Den Topf vom Feuer nehmen und den Teig etwas auskühlen lassen.
Die Eier verquirlen und nach und nach unter den Teig rühren. Zuletzt das Backpulver daruntermischen.
Mit 2 Eßlöffeln vom Teig runde Bällchen formen und in Abstän-

den auf das vorbereitete Backblech setzen; in den auf 220° C vorgeheizten Backofen auf die 2. Schiene von oben schieben und 30 Minuten backen (Heißluftherd 180° C, Gasherd Stufe 4–5).
Die gebackenen Windbeutel noch heiß waagerecht aufschneiden und auf einem Gitterrost auskühlen lassen.
Die Schlagsahne mit dem Vanillezucker und dem Zucker steif schlagen. Damit die Windbeutel füllen, die Deckel daraufsetzen und dick mit Puderzucker besieben.

Vorbereitungszeit: etwa 30 Minuten
Backzeit: etwa 30 Minuten

Die Masse ergibt ungefähr 15 Windbeutel.

Eiswindbeutel

Je Windbeutel (fertig nach Rezept Seite 165 gebacken) zum
Füllen: 1 EL angedicktes Kirschkompott
        1 EL Schlagsahne
        1 Kugel Schokoladeneis
        oder:
        1 EL frische Erdbeeren
        1 EL Schlagsahne
        1 Kugel Erdbeereis

Jeweils den Deckel daraufsetzen und mit Puderzucker besieben.

Käsewindbeutel

Windbeutel nach dem Rezept auf Seite 165 backen.
1/8 l Schlagsahne
1/2 Päckchen Sahnefestiger
100 g Butter oder Margarine
100 g Sahnequark
150 g Roquefortkäse
1 TL feingehackte Zitronenmelisse

Die Schlagsahne zusammen mit dem Sahnefestiger steif schlagen.
Die Butter, den Quark und den zerdrückten Roquefort schaumig rühren.
Die Zitronenmelisse hinzufügen und zuletzt die Schlagsahne unterziehen.
Die Creme in einen Spritzbeutel füllen und mit großer Sterntülle in die Windbeutel spritzen. Den Deckel aufsetzen.

Pikante Windbeutel

Brandteig nach dem Rezept der Windbeutel, Seite 165
50 g geriebener Hartkäse (Emmentaler oder Parmesan)
1/2 TL Rosenpaprika
Zur Füllung: beliebiges Ragout oder Salate

Zum abgekühlten Brandteig den geriebenen Käse und Paprika rühren. Ebenso wie Windbeutel (Seite 165) backen.
Die warmen Windbeutel mit Ragout und kalte Windbeutel mit Salaten (Waldorfsalat, Maissalat, Fleischsalat usw.) füllen.

Käsekugeln

Brandteig wie beim Rezept auf Seite 165.
Davon kleinere Kugeln als für Windbeutel mit 2 Teelöffeln formen. Auf einem vorbereiteten Backblech in etwa 20 Minuten goldgelb backen.
Sie eignen sich – ohne Füllung! – als Beilage zu Suppen, zu Salatplatten oder Käsetellern oder zum Wein.

Eclairs

Dieses populär als »Liebesknochen« bezeichnete Gebäck ist eine beliebte Abwandlung der Windbeutel.

Brandteig wie beim Rezept auf Seite 165.
Fett zum Ausstreichen und Weizenmehl zum Bestäuben des Backblechs
Zur Füllung: 1/4 l Milch
                1 Päckchen Vanillesoßenpulver
                50 g Zucker
                1 Päckchen Vanillezucker
                1 Prise Salz
                2 Eigelb
                75 g Butter
                1 TL Palmin
Zur Glasur: 200 g Puderzucker
                3 EL starker Mokka

Den fertig bereiteten Brandteig in einen Spritzbeutel füllen und mit der großen Sterntülle 10 cm lange Stangen auf ein vorbereitetes Backblech spritzen. Bei einer kleineren Tülle 2 Stangen übereinander spritzen. Wie Windbeutel (Seite 165) backen.

Die Eclairs noch heiß waagerecht aufschneiden und auf einem Gitterrost abkühlen lassen.

Für die Buttercremefüllung die Milch mit dem Vanillesoßenpulver, dem Zucker, dem Vanillezucker, dem Salz und den Eigelben in einem Topf verrühren. Unter ständigem Schlagen mit einem Handrührgerät oder Schneebesen aufkochen und zu einer Creme rühren. Unter ständigem Rühren abkühlen lassen.

Die Butter sahnig rühren. Das zerlassene Palmin tropfenweise dazugeben.

Sobald die Creme und die Butter die gleiche Temperatur haben, die Butter teelöffelweise in die Creme rühren.

Die fertige Buttercreme in einen Spritzbeutel füllen und mit einer Sterntülle in die untere Schale der Eclairs spritzen.

Für die Glasur den Puderzucker mit dem warmen Mokka verrühren, die Eclairdeckel damit bestreichen und auf die Unterteile mit der Buttercreme setzen.

Vorbereitungszeit: etwa 50 Minuten

Die Masse ergibt etwa 15 Eclairs.

Darauf ist bei Brandteig zu achten:

- Der Teig ist dann gut, wenn er glänzend und geschmeidig ist und beim Auseinanderrühren lange Spitzen zeigt.

- Backpulver erst zuletzt unter den bereits abgekühlten Teig rühren, weil sonst die Triebkraft verlorengeht.

- Da der Teig während des Backens erheblich aufgeht, die Teighäufchen in weiten Abständen auf das gefettete und mit Mehl bestäubte Backblech setzen.

- Während des Backens von Brandteig nie den Backofen öffnen. Brandteig ist sehr empfindlich und fällt leicht zusammen.

- Gebäck aus Brandteig nie lange liegen lassen. Es schmeckt frisch, gleich nach dem Backen, am besten.

Quarkblätterteig mit leckeren Möglichkeiten

Quarkblätterteig

200 g Weizenvollkornmehl – frisch, fein gemahlen, oder Type 1700 fein
1/2 TL Salz
200 g trockener Speisequark Magerstufe
200 g Butter oder Margarine
Weizenmehl zum Ausrollen des Teiges

Das Mehl und das Salz in einer Schüssel mischen und in die Mitte eine Mulde drücken. Den Quark und das kleingeflockte Fett hineingeben und alles rasch und gründlich zu einem festen Teig verkneten.

Den Teig zudecken und 1 Stunde kalt ruhen lassen.

Dann auf einer bemehlten Arbeitsplatte nicht zu dünn zu einem Rechteck ausrollen und zusammenfalten und zwar so: Von der schmalen Seite des Rechtecks 1/4 des Teigs bis zur Mitte einschlagen. Die andere Seite entgegengesetzt einschlagen. Dann den Teig nochmals in der Mitte zusammenfalten und so mindestens 30 Minuten kalt ruhen lassen.

Diesen Vorgang des Ausrollens, Zusammenfaltens und Kaltstellens noch 2mal wiederholen – also insgesamt 3mal ausführen! – und dann weiter verarbeiten nach den folgenden Rezepten.

Vorbereitungszeit:	etwa 20 Minuten
Ruhezeit:	etwa 150 Minuten

172

Kümmelstengel

Quarkblätterteig nach Grundrezept
1 verquirltes Ei zum Bestreichen
grobes Salz und Kümmel zum Bestreuen

Den Quarkblätterteig 3 mm dick ausrollen und mit dem Teigrädchen oder einem scharfen Messer Streifen von 8 cm Länge und
1 1/2 cm Breite ausschneiden.

Diese auf ein mit Wasser abgespültes Backblech mit Abständen
legen, darauf 15 Minuten ruhen lassen, mit dem verquirlten Ei
bestreichen, mit dem Salz und dem Kümmel (evtl. auch nur
Kümmel) bestreuen.

In den auf 200° C vorgeheizten Backofen auf die 2. Schiene von
oben schieben und etwa 15 Minuten backen (Heißluftherd 160° C,
Gasherd Stufe 4). Die fertig gebackenen Kümmelstangen auf dem
Gitterrost auskühlen lassen.

Vorbereitungszeit: etwa 20 Minuten
Ruhezeit: etwa 165 Minuten
Backzeit je Blech: 15 Minuten bei 200° C

Die Masse ergibt ungefähr 70 Kümmelstangen.

Tip:
Das Gebäck läßt sich auch quadratisch, rund, oval oder halb-
mondförmig ausstechen. Zum Bestreuen und Verzieren eignen
sich außer Kümmel auch Mohn, Sesam, Pistazien, Mandeln,
Nüsse und geriebener Hartkäse.

Schweinsöhrchen

Dieses beliebte Gebäck, das der Bäcker aus »richtigem« Blätterteig
herstellt, gelingt auch mit Vollkorn-Quarkblätterteig. Probieren
Sie es!

Quarkblätterteig nach Grundrezept
Zucker zum Ausrollen und zum Bestreuen

Den Teig auf reichlich Zucker auf einer Arbeitsplatte 1,5 cm dick zu einem etwa 20 cm breiten Rechteck ausrollen.

Die Oberfläche mit Zucker bestreuen und die beiden Außenkanten von der Längsseite her zur Mitte hin einschlagen. Sie sollen sich aber in der Mitte nicht berühren, sondern 2 cm Abstand voneinander haben. Dann noch einmal zusammenklappen und 30 Minuten kalt stellen.

Von diesem Teigstück danach mit einem scharfen Messer 1 cm dikke Scheiben abschneiden und in Abständen auf ein mit kaltem Wasser abgespültes Backblech legen und 15 Minuten ruhen lassen.

In den auf 200° C vorgeheizten Backofen auf die 2. Schiene von oben schieben und 15–20 Minuten backen (Heißluftherd 160° C, Gasherd Stufe 4).

Ihren schönen Glanz bekommen die Schweinsöhrchen von dem Zucker, der auf dem heißen Backblech schmilzt. Da dadurch die Unterseite schneller bräunt, die Schweinsöhrchen nach 7–10 Minuten Backzeit mit einem breiten Messer vorsichtig wenden. Nach dem Backen auf einem Gitterrost auskühlen lassen.

Vorbereitungszeit:	etwa 35 Minuten
Ruhezeit:	etwa 195 Minuten
Backzeit je Blech:	etwa 15–20 Minuten bei 200° C

Die Masse ergibt etwa 30 Schweinsöhrchen.

Apfeltaschen

Quarkblätterteig nach Grundrezept
Weizenmehl zum Ausrollen
Zur Füllung: 5 große, mürbe, aromatische Äpfel
*   50 g geriebene Mandeln*
*   50 g Johannisbeerkonfitüre*
*   1 Eiweiß, leicht verquirlt*

Zur Glasur: 1 *Ei*
200 *g Puderzucker*
2 *EL Zitronensaft*
1 *EL Rum*

Den Blätterteig auf einer leicht bemehlten Arbeitsplatte ½ cm dick ausrollen und mit dem Teigrädchen oder einem scharfen Messer in Quadrate teilen, die der Apfelgröße entsprechen.

Die Äpfel schälen, halbieren, Blüte, Stengel und Kerngehäuse herausschneiden.

Die Mandeln und die Johannisbeerkonfitüre verrühren, in die ausgehöhlten Apfelhälften füllen und auf die Teigquadrate legen.

Die Teigecken mit dem verquirlten Eiweiß bestreichen, über den Äpfeln zusammenschlagen und leicht zusammendrücken.

Aus den Teigresten runde Plätzchen ausstechen, die Unterseite mit Eiweiß bestreichen und die Apfeltaschen damit garnieren.

Die Apfeltaschen auf ein mit kaltem Wasser abgespültes Backblech verteilen.

Die Oberfläche mit dem verquirltem Ei bestreichen, wobei die Ränder nicht verklebt werden dürfen. Noch 15 Minuten ruhen lassen.

Dann das Blech in den auf 200° C vorgeheizten Backofen des E-Herdes auf die 2. Schiene von oben schieben und die Apfeltaschen etwa 30 Minuten backen (Heißluftherd 160° C, Gasherd Stufe 4).

Nach dem Backen die Apfeltaschen auf einen Gitterrost setzen.

Puderzucker mit Zitronensaft und Rum verrühren und die noch warmen Apfeltaschen damit glasieren.

Vorbereitungszeit:	etwa 35 Minuten
Ruhezeit:	etwa 165 Minuten
Backzeit:	etwa 30 Minuten bei 200° C

Die Masse ergibt ungefähr 10 Apfeltaschen.

Kiwitaschen

Quarkblätterteig nach Grundrezept
Zur Füllung: 10 Kiwis
200 g Rohmarzipanmasse

Die Kiwis schälen und in der Mitte längs durchschneiden. Das Rohmarzipan in 10 Scheiben teilen. Auf je eine Kiwihälfte eine Marzipanscheibe legen und die andere Hälfte daraufsetzen. Vorbereitung und Backen wie Apfeltaschen.

Darauf ist bei Quarkblätterteig zu achten:

● Die Zutaten sollten immer gekühlt sein.
● Das Prinzip besteht darin, daß der fertige feste Teig mehrere Male immer in einer Richtung ausgerollt wird. Das heißt, dem Teig »Touren« geben. Nach jeder Tour den Teig im Kühlschrank mindestens 30 Minuten ruhen lassen.
● Nur wenn das richtig gemacht wird, gehen beim Backen die verschiedenen Schichten zu »Blättern« auf.
● Die Ränder und Schnittkanten dürfen nicht mit Eigelb bestrichen werden. Sie würden verkleben, und dadurch wird das blättrige Aufgehen verhindert.
● Das Backblech keinesfalls fetten, sondern immer nur mit kaltem Wasser abspülen.
● Blätterteig nicht lange aufheben, sondern frisch verzehren!

Sachregister

AIDS wurde zum Schrecken der Welt.

Jeder 5. Deutsche reagiert allergisch.

Rheuma: Die Geißel Nummer 1.

Jede dritte Frau leidet unter Orangenhaut.

Karl Heinz Reger
Petra Haimhausen

AIDS

Die neue Seuche des 20. Jahrhunderts

ECON Ratgeber

Wolf Ulrich

Allergien sind heilbar

Hilfe bei Heuschnupfen und anderen allergischen Krankheiten

ECON Ratgeber

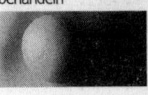

Maximilian Alexander

Rheuma ist heilbar

Neueste Naturheilmethoden

ECON Ratgeber

Wolf Ulrich

Zellulitis ist heilbar

Orangenhaut – vorbeugen und selbst behandeln

ECON Ratgeber

Reger, Karl Heinz/
Haimhausen, Petra
AIDS
– Die neue Seuche
des 20. Jahrhunderts –
134 Seiten
8,80 DM
ISBN 3-612-20084-4
ETB 20084

Ulrich, Wolf
*Allergien
sind heilbar*
– Hilfe bei Heuschnupfen und anderen allergischen Krankheiten –
159 Seiten
14 Zeichnungen
8,80 DM
ISBN 3-612-20023-2
ETB 20023

Alexander, Maximilian
Rheuma ist heilbar
– Neueste Naturheilmethoden –
142 Seiten
7,80 DM
ISBN 3-612-20017-8
ETB 20017

Ulrich, Wolf
Zellulitis ist heilbar
– Orangenhaut vorbeugen und selbst behandeln –
128 Seiten
51 Fotos
6,80 DM
ISBN 3-612-20012-7
ETB 20012

Das Buch
Dieses Buch soll Aufklärung schaffen, es offenbart alles, was heute über diese verhängnisvolle Krankheit und ihre Entstehung bekannt ist.

Aus dem Inhalt
Fünf Schicksale, die am Beginn einer neuen Epidemie stehen · So kann AIDS entstehen · Wie AIDS in den Körper gelangt · Krankheitserreger, die für AIDS tödlich sein können · Was Ärzte heute gegen AIDS tun können · Wie AIDS-Gefährdete sich schützen können.

Die Autoren
Karl Heinz Reger ist Journalist und Sachbuchautor medizinischer Themen.
Dr. med. Petra Haimhausen ist Ärztin.

Das Buch
Tränende Augen, Schnupfen, geschwollene Schleimhäute oder absinkender Blutdruck sind typische Symptome für Allergien, die ausgelöst werden können durch Pilzsporen oder Pollen, durch Medikamente, Mehl, verschiedene Fasern, Milch, Obst, Fisch oder Eier. Beschrieben wird, welche Krankheitsbilder mit welchen Symptomen allergisch bedingt sind, welche Diagnosemethoden es gibt, welche Vor- und Nachteile sie haben und wie Allergien behandelt werden können.

Der Autor
Dr. med. Wolf Ulrich ist Medizinjournalist und Verfasser anderer Bücher. Im ECON-Verlag erschienen seine Ratgeber „Schmerzfrei durch Akupressur und Akupunktur", „Zellulitis ist heilbar" und „Haare pflegen und erhalten".

Das Buch
Mindestens vier Prozent der Menschheit ist an Rheuma erkrankt. Die herkömmliche Medizin hat diese Krankheit mit ihren verheerenden Folgen für Patient, Staat und Volkswirtschaft nicht in den Griff bekommen können.
In diesem Buch werden hochwirksame Naturheilmethoden gegen den gesamten Rheumakomplex dargestellt. Bei konsequenter Anwendung kann mit Naturheilmitteln dieses Leiden gelindert werden, eine neue Hoffnung besteht zurecht.

Der Autor
Maximilian Alexander arbeitet seit vielen Jahren als Medizin-Journalist.

Das Buch
Zellulitis ist heilbar! Der Autor erklärt, wie Zellulitis entsteht, und schildert, wie man Zellulitis erfolgreich vorbeugen kann und sie heilt. Er entwickelte ein mehrstufiges Anti-Zellulitis-Programm, mit dem er durch Lebensführung, richtige Ernährung, Sport und Gymnastik, Massage, Medikamente und viel Geduld in zehn Wochen diese häßliche Krankheit heilen kann. 51 Fotos erläutern sein Programm und erleichtern dem Leser, es alleine durchzuführen.

Der Autor
Dr. med. Wolf Ulrich ist Facharzt für Hautkrankheiten.

Naturheil-methoden und heimliche Krankmacher.	Biomedizin – die natürliche Alternative.	Nie mehr Verstopfung.	Krankheiten erkennen und selbst behandeln.

Maximilian Alexander
Die (un)heimlichen Krankmacher
Vorbeugen, erkennen, heilen

ECON Ratgeber

Maximilian Alexander
Eugen Zoubek
Schmerzfrei durch Biomedizin
Neue Naturheilmethoden

ECON Ratgeber

Gerhard Leibold
Gesund und fit durch Ballaststoffe

ECON Ratgeber

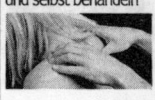

Alfred Bierach
Reflexzonen-therapie
Krankheiten erkennen und selbst behandeln

ECON Ratgeber

Alexander, Maximilian
Die (un)heimlichen Krankmacher
– Erkennen, Heilen, Vorbeugen –
Originalausgabe
144 Seiten
9,80 DM
ISBN 3-612-20039-9
ETB 20039

Alexander, Maximilian/Zoubek, Eugen
Schmerzfrei durch Biomedizin
– Neue Naturheilmethoden –
143 Seiten
6,80 DM
ISBN 3-612-20000-3
ETB 20000

Leibold, Gerhard
Gesund und fit durch Ballaststoffe
Originalausgabe
140 Seiten
5 Zeichnungen
7,80 DM
ISBN 3-612-20082-8
ETB 20082

Bierach, Alfred
Reflexzonentherapie
– Krankheiten erkennen und selbst behandeln –
123 Seiten
89 Zeichnungen
46 Fotos
6,80 DM
ISBN 3-612-20002-X
ETB 20002

Das Buch
Die verborgenen Krankheitsursachen sind das große Handicap der konservativen Schulmedizin, die Krankheitssymptome werden mit höchst bedenklichen Mitteln der Chemie unterdrückt.
Die moderne Naturmedizin aber geht auf den Menschen als Ganzes ein und hilft, Störfelder, vergiftete Stoffwechsellagen, Wirbelsäulenveränderungen, nervale Blockaden, Lymphstauungen, Psychotoxine, Blutdruck, Durchblutungsstörungen, Sauerstoffmangel, Allergien, Wetterfühligkeit und Therapieschäden zu normalisieren. Ein Krankheits- und Heilmittelregister schließt das Buch ab.

Der Autor
Maximilian Alexander arbeitet seit vielen Jahren als freier Journalist und Schriftsteller. Seine Spezialgebiete sind Medizin und Naturheilkunde.

Das Buch
Akute und chronische Schmerzzustände sind das Schicksal vieler Menschen und können oft einen Lebensweg beeinflussen und prägen. Die Biomedizin bietet eine natürliche Alternative zu den herkömmlichen Schmerzmitteln.
Wirksame Präparate, auf rein biologischer Basis hergestellt, helfen Schmerzen ohne schädliche Nebenwirkungen überwinden, mobilisieren Eigenkräfte und setzen einen natürlichen Heilungsprozeß in Gang. Anhand zahlreicher Praxisbeispiele zeigen die Autoren, mit welchen Mitteln der modernen Naturmedizin der Mensch Krankheiten und Schmerzen vorbeugen und sich selbst erfolgreich behandeln kann.

Die Autoren
Maximilian Alexander arbeitet seit vielen Jahren als freier Journalist und Schriftsteller. Seine Spezialgebiete sind Medizin und Naturheilkunde. Eugen Zoubek ist Homöopath und Arzt.

Das Buch
Ballaststoffe sind wichtige Bestandteile der menschlichen Nahrung. Der Autor schildert die Notwendigkeit der Verwendung und die Gefahren für die Gesundheit bei Mangel an Ballaststoffen.

Aus dem Inhalt
Was sind Ballaststoffe? · Natürliche Ballaststoffquellen · Stuhlgang ohne Probleme · Regulierung der Blutfett- und Blutzuckerwerte · Vorbeugung von Krebskrankheiten · Krank durch Ballaststoffmangel · Richtige Ernährung · Rezepte für ballaststoffreiche Ernährung.

Der Autor
Gerhard Leibold ist erfahrener Heilpraktiker und Autor zahlreicher Sachbücher.

Das Buch
Geistige Anspannung und körperliche Verkrampfung führen oft zu Verhärtung oder Knötchen, da von den inneren Organen Reflexbahnen zur Körperdecke laufen, die diese verändern. Durch Reflexzonenmassage kann man über bestimmte Gebiete der Körperdecke auf innere Organe einwirken, Schmerz lindern oder heilen.
Die exakte Bebilderung in diesem Buch zeigt, welche Körperzonen bei welchen Erkrankungen behandelt werden sollen.

Der Autor
Alfred Bierach leitet eine eigene Praxis für Psychotherapie und Naturheilkunde am Bodensee. Seit Jahren wendet er Reflexzonenmassage erfolgreich an.

Autogenes Training zum Wohl der Gesundheit.

Die Wechseljahre: Keine Krankheit, sondern eine Lebensstufe.

Sich selbst massieren – kein Problem.

Box dich fit!

Gisela Eberlein

Gesund durch Autogenes Training

ECON Ratgeber

P. van Keep/L. Jaszmann

Die Wechseljahre der Frau

ECON Ratgeber

Chris Stadtlaender Selbstmassage

Gesund und schön durch eigene Kraft

ECON Ratgeber

Cornelia Dunkel H. Schulz

Boxgymnastik für Frauen

Das neue Fitneßprogramm für den ganzen Körper

ECON Ratgeber

Eberlein, Gisela
Gesund durch Autogenes Training
132 Seiten
6 Zeichnungen
7,80 DM
ISBN 3-612-20141-7
ETB 20141

van Keep, Pieter A./ Jaszmann, Laszlo
Die Wechseljahre der Frau
139 Seiten
6 Zeichnungen
6,80 DM
ISBN 3-612-20013-5
ETB 20013

Stadtlaender, Chris
Selbstmassage
– Gesund und schön durch eigene Kraft – Originalausgabe
160 Seiten
29 Zeichnungen
8,80 DM
ISBN 3-612-20067-4
ETB 20067

Dunkel, C./Schulz, H.
Boxgymnastik für Frauen
Das neue Fitneßprogramm für den ganzen Körper
Originalausgabe
112 Seiten, 102 Fotos
8,80 DM
ISBN 3-612-20149-2
ETB 20149

Das Buch
Alltagsstreß, nervöse Störungen an Herz, Kreislauf, Magen und Darm können durch Autogenes Training behoben werden. Auch bei Schlafstörungen, depressiven Verstimmungen und Angstzuständen hilft Autogenes Training. Die Autorin zeigt anhand von eindrucksvollen Beispielen aus ihrer Praxis, welche Erfolge sie mit Autogenem Training erzielte, und sie gibt konkrete Anleitungen, wie das Autogene Training von jedermann angewandt werden kann. Dies ist ein Ratgeber für alle, die sich geistig und körperlich fit halten wollen.

Die Autorin
Dr. med. Gisela Eberlein unterrichtet in eigener Praxis Autogenes Training und leitet außerdem Kurse und Seminare an einer Volkshochschule sowie in Arbeitsgemeinschaften.

Das Buch
Der Übergang von der fruchtbaren in die nächste Lebensperiode ist für Körper und Psyche der Frau mit einschneidenden Veränderungen verbunden. Neben den rein hormonellen Umstellungen des Körpers und Nebenerscheinungen, wie Hitzewallungen, verbunden mit akuten Schweißausbrüchen, Schilddrüsenstörungen, rheumatischen Gelenkveränderungen, hat die Frau häufig mit psychischen Beschwerden, wie Depressionen und starken Schwankungen im Gefühlsleben, zu kämpfen. Dieses Buch zeigt, wie jede Frau diese Beschwerden erfolgreich durch die bewußte Auseinandersetzung mit dieser Lebensphase angehen kann.

Die Autoren
P. A. van Keep und L. Jaszmann, Gynäkologen, haben in diesem Buch wissenschaftlich fundierte Erfahrungen aus der klinischen Arbeit mit Frauen im Klimakterium zusammengestellt.

Das Buch
Schon die alten Griechen und Römer wußten um den gesundheits- und schönheitsfördernden Wert der Massage, der bis heute feststeht. Massagen sind teuer, auf Krankenschein kann man sich nur bei Krankheit und bei degenerativen Leiden massieren lassen. Um gesund und schön zu bleiben, kann man sich aber auch selbst massieren, wie, das zeigt die Autorin. Nach einer Einführung in die Geschichte der Massage, einer Erläuterung der Heil-, Sport- und Schönheitsmassagen, der Vorsichtsmaßnahmen bei Schmerzen, Entzündungen und Krampfadern beschreibt sie, wie man sich von Kopf bis Fuß selbst massieren kann, welche Griffe man kennen muß und welche selbst hergestellten Kräuteröle man verwenden kann.

Die Autorin
Chris Stadtlaender ist Fachjournalistin für Medizin und Kosmetik. Sie lebt in Wien.

Das Buch
Bei dieser neuen Gymnastikart kämpfen nicht Frauen gegen Frauen, sondern es ist eine Sportart, die den Körper besser trainiert als Aerobic und Jogging zusammen. Es ist außerdem ein Anti-Aggressions-Programm, das Streß und Ärger abbaut. Die Autorin beschreibt, welche Geräte und Kleidung benötigt werden, wie hoch der finanzielle Aufwand ist und gibt in ausführlichen Schritt-für-Schritt-Übungen zahlreiche Hinweise für richtiges Training, damit die ideale Figur erreicht werden kann.

Die Autorin
Cornelia Dunkel ist seit vielen Jahren Gymnastik- und Sportlehrerin und hat das Box-Training in ihr Lehrprogramm aufgenommen.

Erste Hilfe für Kinder.

Diagram
Soforthilfe für mein Kind
Bei Unfällen und Krankheiten

ECON Ratgeber

Diagram
Soforthilfe für mein Kind
Bei Unfällen und Krankheiten
128 Seiten
200 Zeichnungen
7,80 DM
ISBN 3-612-20115-8
ETB 20115

Das Buch
Wie wäscht man eine Wunde aus? Wie behandelt man Verbrennungen? Wie wird ein Finger verbunden? Was macht man bei Knochenbrüchen? Wie entfernt man einen Splitter? Was gehört in den Erste-Hilfe-Schrank? Was macht man bei Hautinfektionen?
Auf diese und viele andere Fragen gibt das Buch klare Antworten, erklärt durch über 200 Zeichnungen. Es sagt den Eltern, wie sie sich bei Kinderkrankheiten und anderen kindlichen Problemen verhalten sollen, bei Blinddarmreizung und Ohrinfektionen, bei Schock und in vielen anderen Fällen. Dieses Buch wurde in Zusammenarbeit mit dem Deutschen Roten Kreuz erstellt und ist Begleitbuch in einer ZDF-Fernsehreihe.

Mehr Spaß am Lernen – Mehr Zeit zum Spielen.

Günther Beyer
So lernen Schüler leichter
Gedächtnis- und Konzentrationstraining

ECON Ratgeber

Beyer, Günther
So lernen Schüler leichter
– Gedächtnis- und Konzentrationstraining –
128 Seiten, 92 Zeichnungen, 49 Übungen
6,80 DM
ISBN 3-612-20001-1
ETB 20001

Das Buch
Mangelhafte Konzentrationsfähigkeit und schlechtes Gedächtnis sind oft die Ursachen für ungenügende Leistungen in der Schule. Dieses Buch schafft Abhilfe: Kinder zwischen 8 und 15 Jahren erfahren, wie sie mit einfachen Lerntechniken ihr Gedächtnis schulen und ihre Konzentrationsfähigkeit erhöhen können, um besser zu werden, Spaß am schnellen Lernen zu finden und damit mehr Zeit zum Spielen zu haben.
Übungen und Kontrolltests helfen, Können und Leistungen zu steigern.

Der Autor
Günther Beyer ist Gründer des Eltern-Schüler-Förderkreises Nordrhein-Westfalen. Er leitet ein eigenes Institut für Creatives Lernen.
Im ECON-Verlag erschienen seine Ratgeber „Creatives Lernen", „Gedächtnis- und Konzentrationstraining" und „Superwissen durch Alpha-Training".

Die Ängste unserer Kinder.

Gisela Eberlein
Ängste gesunder Kinder
Praktische Hilfe bei Lernstörungen

ECON Ratgeber

Eberlein, Gisela
Ängste gesunder Kinder
– Praktische Hilfe bei Lernstörungen –
158 Seiten
7,80 DM
ISBN 3-612-20010-0
ETB 20010

Das Buch
Jedes Kind kämpft mit unbewußten Ängsten, die es in irgendeiner Form hindern, zwanglos fröhlich, aktiv und spontan zu sein. Nervosität, Schlafstörungen, Kontaktschwierigkeiten, ja sogar Asthma, Stottern, Bettnässen sind Folgen dieser Ängste, die durch gezielt angewendete psychologische und pädagogische Entspannungsübungen behoben werden können. Wie, das zeigt dies Buch.

Die Autorin
Dr. med. Gisela Eberlein lehrt in eigener Praxis, in Seminaren und Arbeitsgemeinschaften autogenes Training. Besonders bei Kindern erzielte sie über psychologisch und pädagogisch fundierte Entspannungsmethoden große Erfolge.

Damit der Kindergeburtstag wirklich gelingt.

Isolde Kiskalt
Wir feiern eine Kinderparty

Spiele, Rezepte, Zaubereien für 4- bis 10jährige

ECON Ratgeber

Kiskalt, Isolde
Wir feiern eine Kinderparty
Spiele, Rezepte, Zaubereien für 4- bis 10jährige
Originalausgabe
128 Seiten
86 Zeichnungen
7,80 DM
ISBN 3-612-20102-6
ETB 20102

Das Buch
Wichtig für eine Kinderparty ist die richtige Vorbereitung. Essen und Trinken, Spiele und Gewinne müssen geplant werden. Dazu findet man in diesem Buch zahlreiche Anregungen und Vorschläge.

Aus dem Inhalt
Vorbereitungen zur Party · Rezepte für Kindergetänke, Gebäck und kleines kaltes Büfett · Bekannte und weniger bekannte Spiele (mit Altersangabe) · Kleine Zaubereien für die Erwachsenen · Zum Ausklang des Festes: eine Tombola.

Die Autorin
Isolde Kiskalt ist Schriftstellerin und bringt hier ihre Erfahrungen, die sie bei Festen für ihre Tochter gewonnen hat.